즐거운 달리기 세상

仁多 김명녕 수필집

오늘의문학사

세 번째 수필집을 내면서

나는 고혈압과 뇌졸중 등의 성인병을 떨쳐버리려고 1992년 7월 1일부터 달리기를 시작했다. 달리는 사람이 없던 때라 남몰래 달리려고 새벽 2시부터 두 시간 동안 달린 것이 한밤에 산길을 달리게 된 까닭이다. 지금껏 오밤중에 달리므로 질문도 자주 받는다. "산길이 무섭지 않느냐?" "깜깜해도 길이 보이느냐?" "정말 각종 성인병과 암이 예방되느냐?" 등이다.

몸소 겪으며 지내므로 쉽게 대답한다.

"한밤에 무서움이 엄습할 때마다 '각종 성인병보다 더 무서운 것이 그 무엇이랴? 어둠이 왜 무서운가? 누구든 어두운 어머니 뱃속에서 생명을 얻고 자란다. 너무나 끔찍하거나 공포에 질리면 눈을 꼭 감는 현상은 뱃속시절로 돌아가서 자신을 보호하려는 본능 아니겠는가?' 등을 자문하면서 어둠의 공포에서 벗어났어요. 그랬더니 한밤에 혼자 산길을 달리는 동안 평안한 명상의 세상이 펼쳐지더군요. 무서움을 타면 나무도 귀신으로 헛보여서 등골이 오싹하고, 무서움을 떨쳐내면 귀신도 나무로 보여서 아무렇지도 않아요."

"어두울수록 정신을 더 집중해서 달립니다. 잠시라도 한눈팔면 나둥그러져서 크게 다치거나 목숨까지 위태로울 수 있지요. 정신을 집중하면 별빛에도 길이 보이고, 무서워서 공포에 떨면 달빛에도 길이 보이지 않아요."

"달리면 혈액순환이 잘 되고 몸바탕이 튼튼해서 각종 성인병을 걱정할 필요가 없지요. 암세포는 뜨거우면 맥을 못 춘다고 하므로 날마다 땀을 흠뻑 흘리면서 달리면 각종 암이 저절로 예방된다고 믿어요."

각종 행사에서 축사나 격려사 하는 훌륭한 분이 '인생은 마라톤이다.'라는 말을 인용하면 예사롭게 들리지 않는다. 한번도 42.195km를 달리지 않은 분이 그런 말을 인용할 수 있기 때문이다. 우리나라에서 유산소 운동의 하나로 마라톤 붐이 크게 일어난 것은 1990년대 후반이다. 10여 년이 지나면서 지금은 전국적으로 주말마다 온갖 단체에서 주관하는 마라톤대회가 풍성하게 열리고 있다. 대회에 참가해서 난생 처음 5km코스를 달린 사람은 다음에 10km종목도 가뿟하게 달릴 수 있다는 자신감을 갖고, 10km코스를 달린 사람은 다음에 하프종목에 도전할 의욕을 쉽게 갖는다. 그러나 하프코스를 달린 뒤 풀코스에 도전하려고 엄두를 내는 사람은 많지 않다. 충분히 연습하고 반드시 완주하겠다고 다짐한 끝에 풀코스를 달린 선수도 "아이고 풀코스, 다시는 달리지 않을 거야!" 또는 "풀코스, 도대체 누가 만든 거야!"하면서 고개를 절레절레 내젓기 일쑤다. 그렇다면 풀코스는 도대체 어떤 사람이 달릴 수 있을까? 42.195km는 누구나 달릴 수 있지만 아무나 달릴 수 없는 거리다. 풀코스를 무난히 달릴 만큼 근육이 발달하려면 한 달에 적어도 300km이상 달려야 한다. 그런데 이만큼 달리기가 '도투마리 잘라 넉가래 만들기'처럼 호락호락하지 않다. 날마다 10km이상 달려야 도달되는 부지런함과 인내심이 요구되는 거리다. 마라톤대회에 참가해본 사람은 많지만, 달리기의 꽃인 풀코스를 달린 사람이 그리 많지 않은 까닭은 기본 연습량을 채우기가 몹시 힘들기 때문이다.

나는 마라톤대회에서만 풀코스를 지금껏 회갑에 이르는 나이와 꼭 같이 60회 완주하였고, 기록도 모두 4시간 이내이므로 건강한 몸을 지닌 행복한 사람이다. 그런 체력과 정신력을 기르려고 달린 세월이 하마 만 18년 7개월이다. 40대 중반에 남몰래 달리기 시작해서 50대에 각종 마라톤대회에 수없이 참가하면서 절정을 이루었고, 60대를 보내면서도 그 열정은 조금도 식을 줄 모른다. 달리기는 나에게 매우 값진 선물을 주었다. 64년이 넘도록 몸을 부리고 있지만 젊은 시절처럼 숱도 많고 빛도 거의 바래지 않은 머리털, 안경을 쓰지 않아도 글씨를 잘 읽는 눈, 튼튼한 치아, 왕성한 혈액순환으로 깨끗한 피부 등이 그것이다.

그 동안 달리면서 겪은 일과 느낀 점을 틈틈이 써서 '달리면서 만나는 세상'과 '달릴수록 넓어지는 세상'에 담아 이미 수필집으로 내놓았다. 오랫동안 달리면서 지내니까 하루 중 달리는 시간이 가장 즐겁다. 즐거우니까 달리고, 달리니까 즐겁다. 그래서 이번에 '즐거운 달리기 세상'을 새로 펴낸다.

나는 뚱뚱하게 태어난 몸매를 달리기로 튼튼하게 탈바꿈해서 즐겁게 지낸다. 나와 같거나 다른 까닭으로 허약한 몸매로 태어난 많은 분들이 여기에 실린 글을 읽고 몸에 알맞은 생활체육을 명약으로 삼아 즐겁게 살아가기를 바라면서 정겨운 계룡산 도덕봉을 바라본다.

2011년 3월

도덕봉 품에 안긴 대학연구실에서

김 명 녕

차 례

차 례

제3부 바람직한 노령사회

제4부 악사라이에서 안탈랴까지

차 례

제5부 가장 편한 삶

제1부 머릿속에 넣은 과수원

꼭두새벽에 사라진 아내

머릿속에 넣은 과수원

노래는 시에 날개를 달고

조상들의 숨소리와 땀이 깃든 돌멩이와

옹기

웃음

탈바꿈

제비 예찬

개인중심생활

이웃

돼지

고향 찾은 날

한 해를 마무리하며

꼭두새벽에 사라진 아내

●●●

같은 나이또래들과 고사리 손을 호호 불면서 칼바람이 부는 동산에서의 연날리기, 나무 밑에 못이나 작은 쇠구슬을 박고 얼음판이나 마당에서 힘차게 치던 팽이, 초가처마 끝마다 탐스럽게 열려 있어서 이따금 '우두둑 우두둑' 맛있게 깨물어 먹던 고드름, 재미있게 타던 썰매, 정월 대보름 무렵 쥐불놀이한답시고 장작개비를 넣고 휘두르던 깡통과 불을 싸지르던 논둑, 구슬치기 · 딱지치기 · 땅뺏기 등의 어린 시절 겨울추억이 떠오른다.

감나무 끝에 매달린 까치밥처럼 한해의 끝을 열흘 남짓 남기고 벽에 달랑 한 장 걸려 있는 2005년 달력이 애잔하다. 올해 동짓달은 예년과 달리 눈도 잦은데다가 매서운 추위가 오랫동안 버티고 있어서 마음마저 스산하다. 새벽 두시에 문을 열고 나서자마자 바깥에 있던 찬바람이 얼굴을 휘감는다. 눈과 추위에 묶여 사람도 자동차도 꼼짝하지 않아서 드넓은 길이 휑뎅그렁하다. 엊저녁에 암상[1)]을 피우는 계집애의 심술처럼 거친 왜바람이 불어 눈보라가 몰아치더니 운동화가 반쯤 묻힐 만큼 눈이 쌓였다. 밉든 곱든, 높든 낮든, 온통 눈으로 뒤덮여서 하얀 세상으로 바뀌었다.

가뜩이나 새소리가 멎는 절기(節氣)에 바람마저 잦아진데다가 골짜기 물까지 두꺼운 얼음 밑으로 흘러서 산이 몹시 괴괴하다. 내가 달리면서 내뿜는 거친 숨소리와 발을 옮길 때마다 뽀드득거리는 눈소리만이 휘휘한[2] 산길의 침묵을 깨뜨린다. 아무도 밟지 않은 숫눈길을 짧은 바지만 달랑 입고 힘차게 달려간다. 눈 쌓인 꼭두새벽에 살갗을 내놓으면 실제보다 체감온도는 훨씬 더 낮겠지만 숨을 헐떡이면서 달리니까 찬기가 싹 가신다. 그렇지만 오늘 아침에는 영하 10도 이하로 내려갈 것이라더니 거친 숨을 타고 들어오는 바람이 하 싸늘해서 목구멍과 턱에 고드름이 길게 드리워질 지경이다. 이따금 콧구멍에서 아무 뜻 없이 맑은 물이 뚝뚝 떨어진다. 같은 몸에서 나오는 물인데 이마에서 흐르는 땀은 따듯하고 콧물은 차가우니 그 까닭을 모르겠다.

힘차게 달리므로 몸뚱이는 덥지만 장갑 틈으로 들어오는 황소바람에 손가락이 몹시 곱다. 시린 손가락을 겨드랑이에 넣고 녹이면서 달린다. 같은 나이또래들과 고사리 손을 호호 불면서 칼바람이 부는 동산에서의 연날리기, 나무 밑에 못이나 작은 쇠구슬을 박고 얼음판이나 마당에서 힘차게 치던 팽이, 초가처마 끝마다 탐스럽게 열려 있어서 이따금 '우두둑 우두둑' 맛있게 깨물어 먹던 고드름, 재미있게 타던 썰매, 정월대보름 무렵 쥐불놀이한답시고 장작개비를 넣고 휘두르던 깡통과 불을 싸지르던 논둑, 구슬치기·딱지치기·땅뺏기 등의 어린 시절 겨울추억이 떠오른다. 실컷 놀다가 들어와서 꽁꽁 언 손을 아랫목에 깔린 뜨뜻한 이불속에 넣으면 손가락이 빠져나갈 듯이 아파서 얼마동안 내 해가 아니었다. 그렇게 지내는 날이 많으므로 겨우내 손가락이나 발가락에 얼음이 박혀서 고생하는 벗들이 꽤 많았다. 너나없이 가난하였지만 즐겁게 지내면서 정답게 자란 그들도 이 겨울에 나처럼 그 시절을 떠올리며 같은 그 시절을 그리워할 것이다.

어린애처럼 추운 줄도 모르고 눈 덮인 산을 두 시간 이상 돌아다닌 뒤, 상쾌한 기분으로 집에 돌아왔다. 그런데 이게 웬일인가! 운동하고 돌아오면 으레 따듯한 물을 준비하고 옆에서 수건을 건네던 아내가 없다. 갑자기 등골이 섬뜩하다.

'무슨 일일까? 추운 꼭두새벽에 어디에 갔을까? 얼마나 급하기에 쪽지도 남길 새 없이 허겁지겁 눈길에 나갔을까?'

시각이 너무 일러서 누구를 깨워서 물어볼 수도 없고 갈만한 집에 전화를 걸 수도 없어서 난감하다. 도무지 영문을 몰라 서성이고 있는데 아내가 현관문을 열고 들어온다.

"당신, 도대체 어떻게 된 거요? 무슨 일이 생겼어요?"

"아무 일도 없어요. 눈이 많이 쌓였기에 큰애 씨암탉 어르고, 보듬고, 쓰다듬었어요."

유통사업을 하는 맏이가 운전하는 냉장시설 탑재 트럭을 우리 가족은 씨암탉처럼 미덥게 여겨서 그렇게 부른다.

"날씨도 춥고 길도 미끄러운데 차에 눈이 쌓여 있으면 일하러 나가면서 얼마나 마음이 언짢겠어요. 그래서 말끔하게 치웠지요."

생글생글 웃으면서 부드럽게 말하는 아내. 얼굴도 곱지만 아들을 사랑하는 마음씨에 가슴이 뭉클하고 콧등이 시큰하며 눈물이 핑 돈다. '나는 철딱서니 없는 개구쟁이처럼 신나게 뛰어다니다가 들어왔는데, 어미 마음은 아비와 저렇게 다르구나. 어미의 속마음도 모르고 맏이는 제 각시가 눈을 치운 줄 알고 신바람이 나서 콧노래를 부르며 출근하겠지.'

괘종시계가 다섯 번을 치기에 쳐다본다. 두 시간 뒤에 싱글벙글하면서 일터로 나갈 아들 얼굴이 둥근 시계 창에 그려진다.

1) 암상 : 남을 미워하고 샘을 잘하는 잔망스러운 심술.
2) 휘휘하다 : 무서우리만큼 쓸쓸하고 적막하다.

머릿속에 넣은 과수원

●●●

머릿속에 넣은 싱그러운 과수원에서는 해마다 튼실하게 열매를 맺은 훌륭한 제자들이 사회로 쏟아진다. 나는 일찍이 위기가 곧 성공의 기회가 될 수 있다는 것을 겪었기에 그 뒤에 닥치는 위기도 성공의 밑받침으로 삼으면서 즐겁게 살아간다.

살다보면 누구에게나 삶의 질을 향상시킬 기회가 세 번쯤은 닿는다고 한다. 그런데 '위기가 곧 기회'라는 말이 있듯이 위기는 반드시 나쁜 것만 뜻하지는 않는가보다. 왜냐하면 내가 60여 년 동안 살아오면서 내게 닥친 위기가 곧 내가 바라는 대로 살아가는 기회로 바뀐 일이 몇 번 있기 때문이다.

첫 번째 위기는 중학교 3학년 시절에 닥쳤다. 1960년대 초만 해도 집집마다 형제자매가 많았다. 작은 제비집에서 여러 마리의 새끼가 오순도순 자라듯 우리도 작은 방에서 8남매가 무럭무럭 자랐다. 너나할 것 없이 어렵게 살던 시절인지라 한 방에서 온 가족이 넓은 이불을 함께 덮고 자는 집이 수두룩했는데 우리도 그랬다. 셋째인 내가 가장 좋아한 잠자리는 아버지 바로 옆이었다. 아버지의 넓은 등이 큰 바위처럼 든든하고 아늑해서 그 자리를 자주 파고들었다.

어느 날 한밤중에 부모님이 도란도란 속삭이신다. "여보, 위로 둘을 대학까지 가르치려면 아무래도 셋째는 고등학교를 못 보내겠어요. 사범학교를 폐교시키고 교육대학을 설립한다고 하니 농사를 짓게 해요. 밑에 것들은 형편 봐가며 더 가르치든 말든 결정하구요. 생활비, 학비, 과수원 살 때 진 빚, 농사자금……. 어휴, 잘못하다간 식구가 몽땅 거리로 나앉겠어요." "글쎄, 그 말 꺼내기가 쉽지 않아." "딱하지만 어떡해요. 형편이 못되는 걸. 그 대신 과수원은 셋째에게 줘요." "그래야지. 그런데 쉽게 들을지 모르겠어."

잠든 체하며 듣고 있지만 이건 내게 닥친 보통 일이 아니다. 가슴이 답답하더니 콱콱 밟는 디딜방아처럼 갑자기 거세게 쿵덕거린다. 머릿속도 뒤얽히고 목구멍도 바싹바싹 타들어간다. 그렇지만 부모님과 막내만 빼고 식구가 모두 학생인데다가 빚에 허덕이는 가정형편을 어렴풋이 알고 있어서 선뜻 나설 수도 없다. 아버지는 낮은 직급 공무원으로 재직하고 계셨다. 월급으로 생활비와 초중고대학에 줄줄이 다니는 자식들의 학비만 대도 모자랄 판에 몇 해 전에 빚을 내어 사과 과수원까지 마련해서 농사를 지으니까 갈수록 빚이 늘었다. 그 과수원 일을 내가 도맡다시피 거들어 드린 것이 학업중단이라는 위기로 닥친 것이다.

그 때는 지금처럼 기계농사가 아니라 사람과 소의 힘만으로 지었으므로 과수원 일은 무척 고달팠다. 가지치기, 꽃과 열매솎기, 열매에 봉지 씌우기, 지게로 물 길어 소독하기, 밭 갈기, 풀 깎기, 과일

따기 등 이어지는 일마다 힘겨워서 나는 일하다말고 풀밭에 앉아 쉬는 틈에 책읽기가 일쑤였다. 학교공부가 훨씬 수월하였다.

위기는 비켜가는 선심도 쓸 줄 모른다. 하루는 아버지께서 나를 중국집으로 데려가더니 자장면 곱빼기를 사주신다. 자장면만 사 줘도 식사대접인데, 곱빼기면 왕후장상에게 베푸는 대접 부럽지 않을 만큼 융숭한 대접이다. 까닭이야 알지만, 모른 체하며 산수갑산을 갈지라도 맛있게 먹었다. 설거지할 필요도 없을 만큼 그릇을 깨끗이 비운 나에게 아버지가 나직이 말씀하신다.

"셋째야, 아무리 생각해도 어쩔 수가 없구나. 고등학교 진학을 포기하고 농사를 지어라. 네가 밉거나 공부를 못해서 그러는 게 아니야. 아버지는 너를 가장 사랑해. 늙으면 과수원에서 너와 살련다. 알겠지?" "아버지, 며칠 전 밤에 두 분이 말씀하시는 것 모두 엿들었어요." "그래? 오히려 잘 되었구나." "제게 간절한 소원이 있어요. 과수원을 잡으려고 아등바등 애 쓰지 마세요. 팔아서 홀가분하게 빚을 가리고 남은 건 제 머릿속에 넣어주세요. 욕심이 지나치면 모두 잃을 수도 있어요. 저를 믿는다면 제 말을 들어주세요." "음, 뜻밖인데! 땅도 귀중하지만 자식 앞길이 더 소중하니 한번 생각해보자꾸나. 맹랑하긴……."

그 뒤 아버지는 과수원을 매각하고 나를 고등학교에 진학시키셨다. 어렵사리 이룬 진학이기에 열심히 공부하여 지금은 대학교에서 어린 시절에 그토록 바라던 교편을 잡고 있다. 머릿속에 넣은 싱그러운 과수원에서는 해마다 튼실하게 열매를 맺은 훌륭한 제자들이 사회로 쏟아진다. 나는 일찍이 위기가 곧 성공의 기회가 될 수 있다는 것을 겪었기에 그 뒤에 닥치는 위기도 성공의 밑받침으로 삼으면서 즐겁게 살아간다.

노래는 시에 날개를 달고

●●●

덤부렁듬쑥한 숲에서 뉘엿뉘엿 넘어가는 해를 무대조명으로 여기고 까투리를 불러 모으는 장끼의 아리아연주가 멀리 울려 퍼진다. 몇 마리가 번갈아 한가락씩 뽑는 아리아 중에 유난히 둔탁한 덜께기소리도 섞여 있다.

무르익은 봄 햇살이 온 세상을 쓰다듬고 어르니까 이곳저곳에서 달콤한 노래잔치가 벌어진다. 살랑살랑 부는 실바람에 풀잎이 나울나울 나부끼고 연초록 나뭇잎이 사르르 일렁인다. 잔잔한 파도에 출렁이는 돛단배처럼 보드랍게 흔들리는 푸나무의 리듬에 맞춰 어릴 때 부르던 동요가 콧노래로 흘러나온다. 짙은 아카시아 꽃향기가 흥얼거리는 노랫소리에 홀려 바람결을 타고 콧속으로 쪼르르 달려온다. 아카시아 향내에는 입술이 새파랗게 물들도록 따먹던 어린 시절의 추억이 고스란히 스미어 있다. 새참이라도 예울 양으로 몇 줌 따서 꾸역꾸역 입속으로 밀어 넣으며 까르르 웃던 소꿉동무들이 그리운 참에 그 때처럼 삐꾸기노래마저 은은히 들리니 가슴이 촉촉이 젖어든다.

울타리를 휘감은 장미덩굴에는 새색시시절에 아내가 “저런 집에서 오순도순 살아갈 행운이 우리 앞에도 닿을까요?”하고 꽃이 흐드러지게 핀 울타리를 지나면서 소곤거리던 말이 아늑하게 서려 있다. 그 집에서 그 때 흘러나오던 ‘바위고개’ 노래만 없을 뿐 지금 살고 있는 아파트 울타리에는 붉은 장미꽃이 해마다 소담스럽게 핀다. 장미꽃 울타리가 쳐진 집을 그리던 아내의 소박한 순정은 세월에 몽땅 떠내려가고, 각시의 꿈과 티가 어린 고운소리만 방금 들은 말처럼 내 귀에 생생하게 살아서 숨 쉰다. 아치형을 이루며 울타리를 뒤덮은 초록 장미넝쿨은 예나 이제나 늘 아름답다. 여러 해 뒤엉켜서 얼키설키 꼬였지만 이상하게도 짜임새는 매우 조화롭다. 우거진 덤불을 헤치고 붉은 꽃들이 하나같이 고개를 쏙 내밀고 올몽졸몽 피기 시작한다. 꽃말처럼 빨간 봉오리에는 순수한 사랑이 뭉쳐 있고, 활짝 핀 꽃에는 열정과 기쁨이 넘쳐 보인다. 방긋방긋 함박웃음을 터뜨리며 탐스럽게 핀 꽃들이 금세라도 ‘장 폴 마르티니’가 작곡한 이태리 가곡 ‘사랑의 기쁨’을 합창할 기세다.

대학에서는 곰비임비[1] 쌓인 온갖 행사가 5월에 많이 벌어지므로 숨 돌릴 짬도 없이 하루가 세차게 여울져 흐르기 일쑤다. 내가 현재 운영을 책임진 평생교육원에서 몇 개 과정이 잇달아 현장견학, 전시회, 발표회 등을 벌이는 날은 온종일 분주히 쏘다녀야 한다. 거기에다 밤이 이슥하도록 담당교과강의까지 겹치면 그날 밤은 긴 병을 앓은 겅더리된[2] 몸처럼 요에 닿은 등짝이 쪼개져나간다. 그렇게 바쁜 생활에도 성이 차지 않아 나는 오늘 ‘노래는 시에 날개를 달고’라는 옴니버스강좌 프로그램에 출연해서 노래한다. 한 달 전에 한국가곡과 이태리가곡을 한 곡씩 연주해 달라는 프로그램 담당교수의 제안을 '범 무서운 줄 모르는 하룻강아지'처럼 선뜻 받아들였기 때문이다.

어린 시절에는 학예회를 앞두면 며칠 전부터 왠지 조바심이 났고, 연습이 끝나면 같은 또래들과 괜스레 좋아서 앙감질[3]로 달리며 날뛰었다. 들썽거리는 마음으로 날짜를 손꼽아 헤아리던 동심은 세월 속에 곰삭아서 온데간데없고 요즘은 발표가 닥칠수록 긴장의 거품만 뭉게뭉게 피어오른다. 오늘 노래마당 손님은 낯이 익든 설든, 우리 대학 재학생과 교직원뿐이므로 마음이 푹 놓인다. 그렇지만 내가 뚝배기 깨지는 소리[4]로 연주해서 공연장 분위기를 흐리면 도파니[5] 내 탓이므로 강 건너 불구경하듯 팔짱 낄 일만도 아니다. 그래서 열흘 전부터 이따금 마시던 술도 뚝 끊고 즐거운 마음으로 틈틈이 악보와 씨름하며 지내왔다.

출연자마다 바빠서 공연을 앞두고 예비 연습한 적도 없고, 합창곡인 '사공의 그리움'마저 시연(試演)한 적이 없다. 지금 공연 시작 두 시간 전에 함께 리허설을 갖는 것이 고작이다. 나를 제외한 출연자들은 이태리 또는 러시아에서 유학하고, 국제 성악콩쿠르 대회에서 입상하고, 큰 무대를 좁은 뜰처럼 숱하게 휩쓴 성악분야의 대가들이다. 리허설하면서 들어보니 지레 주눅이 들만큼 소리세계에 조예가 깊은 성악가답게 각자 소리빛깔도 곱고, 무대에서의 몸놀림도 매우 자연스럽다. 개교기념행사라 마지막에 출연자가 모두 제창하는 교가 나마 돋보이게 잘 부르면 좋은데 그마저도 나 혼자 차지할 몫이 아니다. 자주 부르는 나 못지않게 그들도 잘 부른다. 이제 믿을 구석이라곤 알량한 솜씨지만 나만의 독특한 소리빛깔로 연주하는 길밖에 없다.

리허설이 끝나고 연주회가 시작된다. 내 차례에 나볏한[6] 몸가짐에 가벼운 웃음을 머금고 무대로 나선다. 운동선수가 시합에 앞서 몸을 풀 듯 한국가곡을 먼저 부른다. 전주곡이 흐르는 동안 즐거운 표정으로 동료 교직원과 재학생들로 가득한 관중석을 살펴본다. 프로그램제목과 단오가 며칠 남지 않은 절기에 어울리게 '그네'를 골라 그네 타는 모습을 바라보거나 발판을 힘껏 구르는 기분을 살려서 노래한다. 연주가 끝나자 손님 중에 내가 가르치는 학생들이 많으므로 박수소리도 크고 여기저기서 "브라보!"하고 불쑥불쑥 외치는 소리도 많다. 해설을 맡은 교수가 그네에 얽힌 이야기와 함께 공명이 잘 이뤄진 훌륭한 연주라고 아낌없이 칭찬한다.

출연자들이 한국가곡을 한 곡씩 뽑으면서 관중들이 차츰 예사스럽지 않은 노랫소리와 몸놀림에 빠져든다. 이어지는 외국가곡에서도 내가 가장 먼저 출연하여 이태리 칸초네를 부른다. 공과대학 교수답지 않은 노래솜씨에 관중이 사로잡혀서 반응이 뜨겁다. 이태리에서 공부한 성악가와 조금도 다름없는 발음에, 훌륭한 발성이 놀랍다는 담당교수의 해설에 또다시 박수가 터진다. 연주프로그램이 모두 끝난 뒤 사회자가 출연자 중 유일한 본교 재직교수로서 관중에게 소감을 말하라고 요청한다. "음악과가 없는 대학에서 수준 높은 음악회가 열리는 감격, 짬짬이 익힌 발성으로 세계적인 훌륭한 성악가와 나란히 노래하는 환희, 관중의 반응이 매우 좋은 감동이 어우러져 가슴에서 눈물이 흐릅니다."라고 느낀 대로 말한다.

시는 인쇄물 또는 낭송이나 낭독을 통해서도 옮겨가지만, 노래로 날개를 달면 훨씬 더 넓은 세상을 오랫동안 나풀나풀 날아다니면서 뭇사람의 가슴을 파고든다. 온 세상이 즐겁게 노래하는 가운데 오늘 벌어진 노래잔치가 학생들에게 아름다운 추억으로 곱게 수놓아지기를 바라며 캠퍼스의 뒷동산에 오른다. 마음만 내키면 언제든지 오를 수 있는 나지막한 고갯길이므로 젊은이들이 많이 찾는 트레킹(trekking)코스다. 푸나무 사이로 뚫린 고즈넉한 길에는 늘 지성인들의 향내가 감돌면서 찾는 이를 사색하도록 이끈다.

덤부렁듬쑥한 숲에서 뉘엿뉘엿 넘어가는 해를 무대조명으로 여기고 까투리를 불러 모으는 장끼의 아리아[7]연주가 멀리 울려 퍼진다. 몇 마리가 번갈아 한가락씩 뽑는[8] 아리아 중에 유난히 둔탁한 덜께기[9]소리도 섞여 있다. 조금 전 무대에서 부른 내 노래야말로 영락없는 덜께기솜씨로 여겨져서 혼자 쑥스러워 웃는다. 그러나 닦은 재주를 모두 부리고 공연이 끝났으므로 더할 나위 없이 홀가분한 마음에 커다란 날개가 돋아 휘파람새의 노래를 부르며 저녁노을이 곱게 물든 하늘 높이 시원스레 훨훨 날아간다.

1) 곰비임비 : 물건이 거듭 쌓이거나 일이 겹치는 모양.

2) 겅더리되다 : (몹시 앓거나 심한 고통을 겪어서) 몸이 매우 파리하고 엉성하게 되다.

3) 앙감질 : 한 발은 들고 한 발로만 뛰어 걷는 짓.

4) 뚝배기 깨지는 소리 : 음성이 곱지 못하고 탁한 것을 이르는 말.

5) 도파니 : 이러니저러니 여러 말 할 것 없이 죄다 몰아서

6) 나볏하다 : (됨됨이나 태도가) 반듯하고 어엿하다.

7) 아리아 : 오페라나 오라토리오에서의, 선율이 아름다운 서정적인 독창곡.

8) 한가락 뽑다 : (노래나 소리 따위를) 한바탕 멋지게 해 보이다.

9) 덜께기 : 늙은 장끼(수꿩).

조상들의 숨소리와
땀이 깃든 돌멩이와 옹기

옹기는 도자기를 만드는 흙보다 입자가 굵은 점토로 만들기 때문에 굵은 입자 사이로 공기가 드나들어서 숨을 쉴 수 있다. 항아리에 담아 발효시킨 된장과 고추장은 물론 한겨울에 독을 땅에 묻어서 갈무리한 김치가 기능과 성능이 가장 뛰어난 냉장고에 보관한 음식보다 훨씬 더 맛이 좋고 음식이 생생하게 살아있는 것은 옹기가 숨을 쉬기 때문이다.

여행이나 등산을 떠날라치면 괜스레 마음부터 설렌다. 다람쥐 쳇바퀴 돌 듯 제자리에서 맴도는 생활에서 벗어나 잠시나마 새로운 세상을 엿볼 수 있기 때문일 것이다. 혼자 떠나도 좋은 판에 가까이 지내는 사람들과 떠난다면 즐거움은 곱절로 늘어난다. 오랫동안 함께 일하는 한밭대학교 교육연수원 교직원들과 6월 27일에 체력단련 행사의 일환으로 연기군 전동면 운주산에도 오르고, 뒤웅박고을과 공주시 장군산 영평사에도 들르려고 떠난다.

하늘에 뭉게구름이 뭉실뭉실 피어오른다. 햇살이 몹시 뜨거운 이맘때는 맑은 날보다 구름 낀 날이 나들이하기에는 훨씬 더 좋다. 시원한 아침나절에 오르막길을 걸으려고 먼저 운주산으로 간다. 꼭대기가 해발 460미터에 지나지 않으므로 나지막하지만 평야지역에 우뚝 솟아 있어서 구름 끼는 날이 많으므로 운주산(雲住山)이라고 이름 지었단다. 방아는 없고 시원한 물줄기를 떨어뜨리며 하염없이 돌아가는 물레가 운주산 기슭에서 길손을 맞이한다. 산길을 돌아올라 길이 3.098㎞의 외성(外城)과 543m의 내성(內城)으로 이루어진 운주산성의 등산코스를 걷는다.

성의 입구는 돌을 새로 쌓아서 웅장하다. 입구를 지나자마자 세월에 휩쓸려서 허물어진 돌들이 어지럽게 흩어져 있다. 돌멩이마다 깨고, 다듬고, 나르고, 쌓아올리던 백제시대 사람들의 목소리와 땀이 스며들어 있다. 외성을 따라 생긴 고즈넉한 등산길로 접어든다. 공기도 맑고, 경치도 좋고, 가파르지도 않은데다 사람들의 발길마저 뜸해서 더욱 좋다. 엄지손만큼 굵은 감 도사리[1] 몇 개가 길에 떨어져 있다. 굶주리며 자라던 시절에 점심을 에우려고 남의 밭둑 나무아래에서 떫은 감을 주워 먹고 대변을 못 봐서 쩔쩔매던 추억이 떠오른다. 길옆 푸나무서리[2]에서 엄마 품에 안긴 초록빛깔 개암들이 살그머니 머리를 내민다. 가을에 어린 나이또래끼리 동산에 올라 털끝만 건드려도 사정없이 쏘는 쐐기를 영악스럽게 피해가며 잘 익은 갈색 열매를 고사리 손이 넘치도록 따서 깍정이를 벗기고 딱딱한 껍질을 깨어 고소한 개암만 오도독오도독 깨물어 먹던 열매다.

구불구불한 길을 따라 오르면서 제철 만나 들불처럼 번어나가는 싱싱한 마 덩굴과 나뭇가지를 타고 끝없이 하늘을 향해 기어 올라가는 산포도 넝쿨을 만난다. 지천으로 깔려 있는 야생두릅과 고사리가 때 묻지 않은 옛날을 간직하며 싱싱하게 자란다. 밟힐수록 질기게 자라는 질경이는 시달릴수록 강인하게 살라고 가르치고, 순을 꺾을수록 새 가지를 왕성하게 벋는 왕고들빼기는 꺾일수록 왕성하게 벋으라고 가르친다. 고갯길을 오르내리므로 몸에는 땀국이 줄줄 흐르지만 모처럼만에 살아 숨 쉬는 자연의 품에 안겨서인지 기분이 좋다.

오후에 된장을 담근 항아리가 많기로 이름난 뒤웅박[3]고을로 간다. 옹기를 지키는 솟대 뒤로 1만 3천여 평의 부지 위에 1천여 개의 독이 웅장하게 놓여 있다. 토담집 뒤꼍 양지 바른 곳에 기껏해야 여남은[4] 개만 동그마니 옹기종기 놓여 있는 장독만 보아온 터라 눈이 휘둥그레진다. 동료들과 시비(詩碑)거리, 십이지신(十二支辰)길, 팔도(八道)장독을 거쳐 여러 조각상을 보면서 식당으로 간다. 풋고추를 찍어 먹는 된장도, 숟갈로 떠먹는 청국장도 맛깔스럽다. 우리네 어머니의 정성어린 손맛이 배어 있는 감칠맛에 식욕이 돋아 금세 밥 한 그릇을 비운다. '게장이 밥도둑'이라더니 그게 아니다. '된장이 밥도둑'이다. 저녁나절에 장군산 영평사에 들른다. 가을에 들국화 행사로 이름난 절이다. 오르막이 시작되는 널찍한 터에 들어찬 수백 개의 옹기가 눈길을 사로잡는다. 항아리마다 우리나라의 독특한 음식 냄새가 모락모락 피어오른다.

옹기는 우리의 전통그릇이다. 우리 음식이 지니고 있는 깊고 그윽한 맛은 바로 질그릇과 오지그릇이 빚어내는 맛이다. 요즘 불어 닥치는 웰빙 열풍에서 주목을 받고 있는 그릇은 숨 쉬는 항아리다. 옹기는 도자기를 만드는 흙보다 입자가 굵은 점토로 만들기 때문에 굵은 입자 사이로 공기가 드나들어서 숨을 쉴 수 있다. 항아리에 담아 발효시킨 된장과 고추장은 물론 한겨울에 독을 땅에 묻어서 갈무리한 김치가 기능과 성능이 가장 뛰어난 냉장고에 보관한 음식보다 훨씬 더 맛이 좋고 음식이 생생하게 살아있는 것은 옹기가 숨을 쉬기 때문이다.

옹기는 장식용이 아니라 생활용품이다. 그러므로 독에는 우리의 생활모습이 고스란히 담겨있다. 홀아비가 과부를 보쌈할 때 큰 항아리에 밥과 과부를 넣고 지게에 짊어지고 나왔다는 이야기와 독을 가득 실은 지게를 받쳐 놓고 독을 팔아 독을 늘려 부자 되는 꿈을 그리다가 실수로 "아이구!"하며 지게작대기를 건드려서 독과 꿈을 몽땅 깬 항아리장수의 구구곱셈이 그대로 들어 있다. 커다란 소쿠리에 고작 너더댓 개의 큰 항아리를 짊어지고 "독 사려, 옹기사려!"를 외치며 마을을 부리나케 옮겨 다니던 옹기장수의 발품 파는 모습과 어른들이 어린아이를 허리에 두르고 "독 사려!"하던 독장수놀이도 애잔하게 담겨 있다.

우리나라의 먼 앞날을 바라보고 발전할 터전을 닦는 공사가 한창 진행되고 있는 세종시 언저리의 성곽을 돌며 제멋대로 흐트러진 돌멩이에 깃든 조상들의 숨소리를 듣고 배어 있는 땀 냄새를 맡는다. 웰빙 열풍이 만든 넓은 장독대를 바라보며 항아리에 담긴 독특한 우리 맛도 느끼고, 생활모습과 이야기도 떠올린다. 항아리마다 조상의 숨소리가 살아 있고 땀 냄새가 풍겨난다. 벼가 파릇파릇 자라는 논에 머물면서 먹이를 찾던 왜가리가 물끄러미 먼 산을 내다보다가 저녁노을을 타고 하늘 높이 날아간다.

1) 도사리 : (바람이나 병 따위로 말미암아) 자라는 도중에 떨어진 과실.
2) 푸나무서리 : 풀과 나무가 우거진 사이.
3) 뒤웅박 : 쪼개지 아니하고 구멍만 뚫어 속을 파낸 박.
4) 여남은 : 열이 조금 넘는 수. 또는 그런 수의.

웃음

●●●

갈증에 시달리던 만물이 입을 크게 벌리고 한꺼번에 물을 마시므로 삼키는 소리가 요란스럽다. 흙은 목구멍이 넓어서 비가 내리는 족족 두꺼비 파리 잡아먹듯 삼켜버려서 금세 동이 난다. 빨대가 짧은 온갖 꽃과 연초록 잎들은 금세 목을 축이고 생기가 돌아 방긋 웃는다.

며칠 전에 먼지잼[1)]만 뿌리고 물러간 비구름이 어디 가서 떼구름을 몰아왔는지 곡우가 며칠 지난 오늘 온종일 끄느름한[2)] 채 비를 뿌린다. 모닷기비[3)]를 쏟아 부어도 고마울 텐데 보슬비가 내리니 더욱 반갑다. 텅 빈 저수지마다 물이 차도록 내리면 더할 나위 없이 좋겠지만 못자리물이라도 넉넉하게 내리면 많은 사람의 걱정과 일손을 크게 덜어서 일그러진 얼굴에 웃음꽃이 활짝 필 것이다. 오랜 가뭄으로 바싹 마른 산에 큰불이 자주 발생하고 저수지바닥이 갈라졌을 때는 파랗게 물든 하늘조차 땅에 떨어질 빗물이 마냥 머무르고 있는 호수로 보여서 얼마나 야속스러웠는지 모른다.

단비가 내리는지라 눈 오는 날 강아지가 좋아서 뛰어다니듯 날비를 맞고[4)] 돌아다닌다. 갈증에 시달리던 만물이 입을 크게 벌리고 한꺼번에 물을 마시므로 삼키는 소리가 요란스럽다. 흙은 목구멍이 넓어서 비가 내리는 족족[5] 두꺼비 파리 잡아먹듯[6] 삼켜버려서 금세 동이 난다.[7] 빨대가 짧은 온갖 꽃과 연초록 잎들은 금세 목을 축이고 생기가 돌아 방긋 웃는다. 물방울을 잎에 말아 또르르 굴리는 모습은 영락없이 겨울에 눈을 뭉쳐 장난하는 천진한 어린애다. 붉은 피를 내뿜다가 흙으로 돌아간 동백나무 언저리에는 영산홍이 함빡 웃고, 연분홍으로 수놓던 진달래동산에는 철쭉꽃이 생글거린다.

봄비를 머금고 만물이 싱글벙글거리는 산기슭을 걸으며 웃음에 관해 생각한다. 누구든 이 세상에 들어오면서 뱃속에서 가져온 울음보부터 터뜨린다. 튼튼할수록 울음소리가 맑고 우렁차다. 이 세상에 성공적으로 태어난 것이 아무리 통쾌해도 "하하하" 웃을 수 있는 사람은 아무도 없다. 몇 개월이 지나서야 미국 캘리포니아 대학의 이차크 프리트 박사가 발견한 '웃음보'를 터뜨릴 수 있다. 갓난이 시절의 웃음은 새근새근 잠자면서 소리 없이 웃거나 눈, 코, 입 따위를 쫑긋거리는 배냇짓이 고작이다. 배냇짓은 아기의 기쁜 뜻이 조금도 담기지 않은 단순한 얼굴근육의 움직임이다. 엄마가 "까꿍"하는 모습을 눈이 뚫어져라 수없이 바라보고 배운 뒤에야 비로소 기쁨을 담고 방긋 웃는다. 생후 3개월에 접어들면서 수없이 방긋거리다가 감정표현이 명확한 4~5개월쯤부터 웃음소리를 담고 자주 웃는다.

사람은 조물주로부터 다른 동물보다 우수한 능력을 많이 받고 태어난다. 그 중에 하나가 웃음이다. 동의보감에서 "웃음은 보약보다 좋다."고 했고, "미소를 짓는 얼굴을 갖지 않는 자는 가게 문을 열지

말라."는 중국 속담이 있다. "아낄수록 손해 보는 것이 웃음과 칭찬이다."라는 프랑스 속담이 있고, 셰익스피어는 "그대의 마음을 웃음과 기쁨으로 감싸라. 그러면 생명을 연장시켜 줄 것이다."라고 했다. 미국의 사상가인 윌리엄 제임스는 "우리는 행복해서 웃는 것이 아니라 웃기 때문에 행복하다."라고 했고, 영국의 철학자인 버드란트 러셀은 '웃음은 만병통치약'이라고 말했다.

웃음을 연구한 사람에 따라 조금씩 다르지만 사람은 대체로 일생 동안 50만 번쯤 웃는데, 어린 시절에는 하루에 400번쯤 웃고 어른은 8번쯤 웃는다고 한다. '1분 동안 웃으면 10분 동안 에어로빅을 한 효과가 있고, 고혈압을 낮추고, 심장혈관과 폐 기능을 활발하게 한다.'는 의사들의 연구보고를 보면 웃음이 매우 좋은 운동임을 알 수 있다. 웃음은 혈중 산소량과 엔도르핀을 증가시켜서 면역체계를 튼튼하게 만들고, 스트레스 호르몬을 감소시키고, 내장활동도 활성화시킨다. 얼굴을 활짝 펴서 크게 웃는 웃음은 질병을 고치는 치료수단으로 쓰인다. 웃음으로 암을 치료한다는 외신보도가 있으니 웃음의 효과는 무궁무진하다.

사람은 혼자 있을 때보다 다른 사람과 함께 있을 때 더 많이 웃는다. 우스운 말을 듣거나 우스운 장면을 보아도 웃지만 다른 사람과 대화하면서 서로 감정의 징검다리를 놓으며 웃는다. 웃음은 옮겨간다. 다른 사람이 웃으면 나도 덩달아 웃는다. 달리기가 다리뿐 아니라 온몸으로 달리는 것처럼 웃음도 입으로만 웃지 않고 온몸으로 웃는다. 웃음은 타고난 것이 아니라 연습이고 습관이다. 자주 연습하고 웃으려고 노력해야 웃는 횟수와 시간이 늘어난다.

동물의 경우는 하이에나, 쥐, 개, 침팬지 등의 웃음에 대한 연구보고가 있다. 하이에나는 먹이를 잡으면 그들 사이에 잘 알려진 웃음소리로 동료들을 불러 함께 먹는다. 쥐들은 간지럼이나 특수한 감촉을 가할 때 웃는다. 개는 놀이 삼아 다른 개의 꽁무니를 따라다닐 때 숨을 헉헉거리며 웃는다. 침팬지는 몸끼리 닿으며 즐겁게 놀 때 웃음소리를 낸다. 이들의 웃음소리는 사람과 다를 뿐 아니라 사람이 들을 수도 없다. 그밖에 말, 소, 고양이가 웃는 것을 보았다고 말하는 사람도 있다. 그것은 갓난아기의 배냇짓처럼 기쁜 뜻이 없는 단순한 얼굴근육의 움직임으로 여겨진다. 웃음갈매기, 웃음총새, 웃음물총새 등도 있지만, 이들은 그저 웃음을 앞에 거느린 새 이름일 뿐이다.

사람의 역사가 곧 웃음의 역사다. 그러므로 우리글에도 웃음에 관한 낱말이 수 없이 많다. 함박웃음, 소탈 웃음, 호탕 웃음, 자지러진 웃음, 홍소(哄笑), 폭소(爆笑), 파안대소(破顔大笑), 박장대소(拍掌大笑), 포복절도(抱腹絶倒), 요절복통(腰折腹痛), 가가대소(呵呵大笑) 등 끝이 없다. 또한 '화는 적게 내고, 많이 웃는다.'는 소분다소(少憤多笑), '한번 화내면 한번 늙어지고, 한번 웃으면 한번 젊어진다.'는 일로일로 일소일소(一怒一老 一笑一少) 및 '웃으면 복이 온다.'는 소문만복래(笑門萬福來) 등도 있다. '웃는 낯에 침 뱉으랴.'하는 속담도 있지만 양반채신[8]을 앞세워서 '허파에 바람 들었다.', '웃음이 헤프다.', '좋아서 입이 찢어진다.', '아낙네 웃음이 담장을 넘어가면 집안이 망할 낌새다.'처럼 웃음을 속으로 삭이거나 웃음소리를 낮추라고 가르쳤다.

오늘날 엘리베이터 또는 지하철에 낯선 우리나라 사람만 타고 있다면 각자 무표정한 얼굴로 내릴 때만 기다리기 일쑤다. 아무리 많은 사람이 탔더라도 무슨 불만이 있거나 화난 사람들만 타고 있는 분위기가 감돈다. 낯선 사람에게 미소를 보냈다간 채신없거나 실없는 사람으로 여기는 관습이 있기 때문이다. 외국에서는 모르는 사람끼리 눈길이 마주치면 자연스럽게 웃음인사를 주고받는 사람이 많다. 그래서 우리를 '친절하면서도 얼굴표정이 무뚝뚝하다.'라고 말하는 사람이 많다. 좋은 옷이나 예쁜 얼굴보다 웃는 얼굴이 훨씬 더 좋은 인상으로 남는다. 친절로 애써 벌어놓은 좋은 인상을 무표정으로 몽땅 잃을 수도 있다. 세계가 한 마당에서 살아가는 시대이므로 일상생활에 웃음문화를 정착시켜서 '친절하면서도 잘 웃는 한국사람'으로 이미지도 바꾸고 국민건강도 챙겨야 한다.

세상은 끊임없이 남과 경쟁하며 사는 것 같지만 알고 보면 자신과의 싸움이다. 마라톤대회에서 달려가는 내내 남과 경쟁하며 달리니까 남과 경쟁하는 것처럼 보이지만 달리는 도중은 물론 결승선을 넘은 뒤에도 자신의 기록과 경쟁하므로 결국 자신과 싸우는 것과 같은 이치다. 이 세상의 결승선을 넘을 때 미련과 후회가 없도록 열심히 살아서 마지막에 꽃보다 아름답게 웃는 사람이 되도록 살아보자. 만물의 입들이 단비를 목구멍으로 바쁘게 넘기는 것도 튼튼한 몸을 만들어서 자신과의 경쟁에서 이기려는 것이 아니겠는가!

웃음을 골똘히 생각하며 걸으니까 가뭄 끝에 비를 머금은 꽃은 물론 개구리, 나무, 바위 등 온갖 만물이 환하게 웃으며 맞이한다. 구름마저 아리따운 눈웃음을 띠며 비를 뿌린다. 웃음에서 웃음이 번져서 내 얼굴에도 잔잔한 웃음꽃이 핀다. 비 맞고 돌아다니며 웃는 실성한 사람이 따로 없다.

1) 먼지잼 : 비가 겨우 먼지나 자게 할 정도로 조금 내림.
2) 끄느름하다 : 날씨가 흐리어 어둠침침하다.
3) 모다깃비 : 한꺼번에 세차게 쏟아져 내리는 비.
4) 날비를 맞다 : 우산이나 우비로 비를 가리지 않고 그대로 몸에 받다.
5) 족족 : [동사 어미 '-는' 아래에 쓰이어] '하는 때마다'의 뜻을 나타냄.
6) 두꺼비 파리 잡아먹듯 : 무엇이든 닥치는 대로 늘름늘름 받아먹거나 챙기는 모양.
7) 동이 나다 : 다 떨어져 없어지다.
8) 채신 : (남 앞에서의) 몸가짐이나 행동.

탈바꿈

생각하는 방향이나 틀을 관습처럼 고정시키고 한 치도 어긋남 없이 그대로 이으려는 아집은 전통의 맥을 이을 때는 명약이다. 그러나 탈바꿈해서 새로운 모습으로 약진할 때 부리는 아집은 독약이다.

설날을 사흘 앞둔 금요일 밤이라 이미 고향으로 떠난 사람들이 많아서 캠퍼스가 여느 때보다 쥐죽은 듯 조용하다. 갑자기 강추위가 기승을 부리는데다 섣달그믐께[1] 밤 8시가 훌쩍 넘은 시간이라 뺨을 스치는 바람이 몹시 맵다. 가르치는 강사와 배우는 연수생이 뒤엉켜서 열정을 쏟아 붓는 바람에 4시간 전에 마쳤어야 할 한국화과정의 강의가 길어져서 방금 끝났으므로 사람들이 종종걸음으로 왁실덕실[2] 빠져나간다.

한국화프로그램은 닷새 동안 30시간으로 짜인 초중등교원을 위한 교육연수원 단기 직무연수과정이다. 이 과정에서는 먹과 물의 변화를 이용하여 붓으로 그린 수묵화(水墨畫)와 수묵에 엷고 산뜻한 채색을 곁들인 수묵담채화(水墨淡彩畵) 및 색채를 주재료로 사용한 채색화(彩色畵) 등의 한국화 그리는 법을 다룬다. 기간은 짧았지만 이

번 연수에서는 담당교수께서 연수생마다 연수기념으로 집안에 내걸 수 있는 한국화를 두세 점씩 완성하도록 의욕을 앞세우고 강행하였다. 그러자니 날마다 정해진 시간을 훌쩍 넘겼지만 연수생마다 피로를 느끼기는커녕 배우는 재미에 폭 빠져서 시간 가는 줄 몰랐다.

"술은 첫물에 취하고 사람은 끝물에 취한다."는 속담처럼 가르친 강사와 열심히 배운 연수생 사이에 쌓인 도타운 정이 헤어지는 마당에서 그대로 드러난다. "잘 지도해줘서 고마워요.", "다음 연수에서 다시 뵙지요.", "설 잘 쇠세요." 등 공손하게 인사하는 정겨운 모습을 한밭대학교 교육연수원장의 가슴으로 바라보니 매우 흐뭇하다. 한국화를 비롯한 여러 연수프로그램이 모두 성공적으로 이루어지기까지 뒤얽힌 숱한 일들이 주마등처럼 스쳐간다.

한밭대학교에는 사범대학이 없는데다 교육연수원의 설립역사마저 짧아서 그 동안 연수프로그램을 단출하게[3] 운영하였다. 다양하게 운영하려고 몸부림쳐도 온갖 복잡한 일이 뒤얽혀서 마음대로 호락호락 이루어지지 않았다. 그렇다고 해서 팔짱만 낀 채 바라보아도 괜찮을 만큼 대학이 놓인 환경은 여유롭지 못하다. 세계적으로 견주어지는 무한경쟁시대에서 비교우위의 경쟁력을 확보하는 대학만 생존해서 크게 발전할 수 있기 때문이다.

경쟁력을 확보하려면 대학을 구성하는 모든 조직이 나날이 눈부시게 발전해야 한다. 교육연수원은 뭐니 뭐니 해도 다양한 연수프로그램을 운영해야 제 몫을 다하는 부속기관이다. 연수원장으로 임용될 당시 몇 개의 프로그램으로 겨우 명맥을 유지하고 있었기에 발전의 물꼬를 터야할 막중한 책임으로 가슴이 짓눌릴 만큼 긴장하던 일이 생생하다.

임용 초기에는 교육연수원의 활성화를 이룰 방안을 마련하려고 관련법과 규정도 알아보고 틈틈이 여러 대학과 법인체에서 개설한 연수프로그램의 특징과 실태도 살펴보았다. 평소에 자주 만나는 한밭대학교 교수들과 대덕연구단지 연구원들에게 부탁해서 몇 개의 최첨단 공학연수프로그램도 마련하였다. 그러나 연수생의 눈높이와 바람에 맞춰서 프로그램을 개발하는 일과 연수생을 모집하는 길을 제대로 찾지 못해서 마음만 바빴을 뿐 흐지부지 끝났다. 의욕적으로 추진하다가 쓰디쓴 실패를 맛보았지만 첫술에 배부를 수 없다고 스스로 달래면서 새로운 방향으로 궁리하기 시작하였다.

우리대학의 학부에 설치된 공학계열, 경상계열 및 인문사회계열에서만 연수프로그램을 개발하려는 생각은 '바늘구멍으로 하늘 보기[4)]' 처럼 울타리를 좁게 치는 사고방식이었다. 장수(長壽)시대요, 웰빙시대에다 지식기반사회를 맞아 교원들의 문화의식을 높이는 쪽으로 활성화방향을 틀었다.

지난 여름방학에 한밭대 평생교육원에서 음악, 한국화, 체육 분야를 담당하는 교수들로 강사진을 구성하여 전국 교육청에 공문을 보낼 때만 해도 교육연수원의 활성화가 쉽게 이뤄질 줄 알았다. 그러나 뜻밖에도 전혀 이루어지지 않았다. 교육청에서 각 학교에 공문을 보내지 않았거나 보냈더라도 학교에서 알려주지 않아 연수를 받을 대부분의 교사들이 우리대학에 새로 개설한 연수프로그램을 까맣게 몰랐기 때문이다. 어리석게도 대학에서 교육청에 연수생 모집공문을 보내면 교육청에서 각 학교로 공문을 보내어 당연히 모든 연수과정이 운영될 줄 알았다. 원장실에서 연수생이 몰려오기를 바란 내 모습은 새 상품을 만들어 놓고 홍보도 하지 않고 소비자가 몰려와서 사가기를 바라다가 쫄딱 망한 철부지 사장과 닮은꼴이었다.

낭패를 본 뒤, 다가올 겨울방학에는 교육연수원을 기어이 활성화시키겠다고 다짐하였다. 평생교육원장을 겸직하고 있었으므로 초가을부터 평생교육원 동료직원들에게 도움을 요청하며 서둘렀다. 먼저 평생교육원에 개설된 교육과정 중 경쟁력 있는 교원프로그램을 선정하고 우수한 강사진을 구성하였다. 다음에 교육행정정보시스템(NEIS: National Education Information System)을 이용하여 직접 학교로 홍보하는 길도 알았고, 휴대전화로 교사 개개인에게 문자메시지로 홍보할 번호도 입력시켰고, TV자막방송을 이용한 홍보 전략도 마련하였다. 유능한 평생교육원 직원들과 선정된 강사진이 각각 적극적으로 발 빠르게 한 뜻으로 움직여서 모든 일이 순조롭게 진행되었다.

돌다리를 두들기며 건너는 심정으로 몇 번씩 점검해서 세심하게 준비하였지만 뜻밖에 대전지역 교육연수원 중에서 가장 늦게 프로그램을 홍보해야할 사태가 발생하였다. 새로운 좋은 연수프로그램을 마련하였지만 다른 대학보다 1주일 이상 늦게 홍보하면 많은 연수생을 놓치므로 치명타를 입는다. 늦은 만큼 더 적극적으로 뛰느냐, 가만히 앉아서 당하느냐의 갈림길에 놓였다. 활성화시키려면 더 부지런히 뛰어서 따라잡는 수밖에 없었다.

대전지역 교원명부를 들여다보고 잘 아는 선생님에게는 전화로, 일부 학교는 직접 방문해서 교장 또는 교감 선생님에게 우리대학에 새로 개설한 연수프로그램을 교사들에게 홍보해달라고 부탁하고, 문자메시지를 띄우면서 신들린[5] 듯이 움직였다. 현장으로 다니며 홍보하는 마케팅전략에 대한 반응이 좋아서 짧은 기간 동안 될 수록 많은 학교를 방문하였다. 결과적으로 새로 마련한 연수프로그램은 모두 개설되었고 성공적으로 운영되었다.

연수가 진행되는 동안 많은 질문이 쏟아졌다. 그 중에는 우리 대학에 학과가 없는 프로그램은 강사진도 빈약하고 교육환경도 좋지 않을 것이라는 선입견에서 비롯된 별스러운 질문도 있었다. "음악, 미술, 체육, 한국어과가 없는 대학에서 누가 무슨 뱃장으로 음악, 한국화, 생활체육, 문화공간학습활용, 실물경제시장의 이해, 자연염색, 미술치료라는 연수과정을 설치하였는가?"였다. 국립대학인데도 연수생이 불편하지 않도록 각별히 배려하고 연수준비도 철저해서 뜻밖이라는 칭찬도 잇달았다. 평생교육원 여직원의 상냥한 뒷바라지도 친절한 대학으로 돋보이도록 한 몫 단단히 거들었다.

평생교육원장의 직무를 수행하며 강사진의 탁월한 실력과 훌륭한 교수법의 평가도 알았고, 너그러운 인간미도 잘 알았으므로 마음이 푹 놓였다. 기대했던 대로 강사마다 열성적으로 지도해서 결과가 좋았으므로 가슴이 뿌듯하였다. 연수생의 반응도 직접 알고 교육연수원의 운영에도 참고하려고 연수기간 내내 여러 과정의 강의를 들었다. 연수생들과 함께 지낸 그 시간들은 아롱다롱 아름다운 무늬로 수놓아질 것이다.

무슨 일이든 발전하려면 탈바꿈해야 새로운 모습으로 다시 태어날 수 있다. 나비는 어미 뱃속에서 알로 태어나 알까기를 거쳐 애벌레로 지내다가 새로 번데기로 바뀐 뒤 다시 고치허물을 벗고 마침내 화려한 날개를 지닌 나비 모습으로 탈바꿈한다. 생각하는 방향이나 틀을 관습처럼 고정시키고 한 치도 어긋남 없이 그대로 이으려는 아집은 전통의 맥을 이을 때는 명약이다. 그러나 탈바꿈해서 새로운 모습으로 약진할 때 부리는 아집은 독약이다. 관습으로 고착시킬 일과 생각의 틀을 확 바꿔야 화려하게 탈바꿈시킬 일을 분간하지 못하면 스스로 갈등과 충돌을 빚어서 초라떼는[6] 결과를 낳을 수도 있다. 아집이 명약으로 작용할지 독약으로 작용할지를 분간하는 길은 '전통을 고수하는 일인가, 날로 새로운 발전을 도모하는 일인가?'를 잣대로 삼으면 손쉽게 판가름된다.

이슥한 겨울밤에 계룡산 골짜기를 휩쓸고 있는 매운 왜바람을 맞아도 마냥 즐거운 것은 교육연수원이 이번 겨울방학 연수를 기해 발전할 전환점을 새로 맞았기 때문이다. 새로운 모습으로 탈바꿈한 연수원은 이제 번데기에서 날개를 단 나비처럼 화려하게 발전할 것이다. 깜깜한 하늘에 초롱초롱한 별들이 모여 꽃 잔치를 벌인다. 오늘 오후에 채색화를 그릴 때 텅 빈 자리를 채우려고 그려 넣었던 화려한 나비 한 쌍이 별이 없는 하늘 쪽을 메우며 나풀나풀 날아간다.

1) 섣달그믐께 : 음력으로 한 해의 마지막 날 전후의 며칠 동안.
2) 왁실덕실 : 많은 사람이나 짐승이 들끓어 어지럽게 움직이는 모양.
3) 단출하다 : 식구나 구성원이 적어 홀가분하다.
4) 바늘구멍으로 하늘 보기 : (사물의 전체를 보지 못하는) '시야가 좁은 관찰 태도'를 비유하여 이르는 말.
5) 신들리다 : 매우 열중하여 보통 때보다 뛰어난 기량을 보일 때 하는 말.
6) 초라떼다 : 격에 맞지 않는 짓이나 차림새로 말미암아 창피를 당하다.

제비 예찬

●●●

짚 · 마른 풀잎 · 작은 나뭇가지 · 논흙 따위를 입에 물고 처마 밑을 부지런히 드나들면서 날렵한 날갯짓으로 기둥에 바짝 붙어 앉아서, 신기한 솜씨로 보금자리를 튼다. 집이 튼튼하게 지어지도록 진흙이 마르는 정도를 보아가며, 서두르거나 늦추는 일 없이 제 때에 맞춰 자디잔 논흙 덩어리를 차곡차곡 쌓아 올려서 집을 짓는다.

나는 어린 시절에 산골에서 솔봉이[1]끼리 모여서 학교도 다니고, 딱지치기 · 비석치기 · 구슬치기 · 자치기 · 땅빼기 · 멱감기 · 말타기 · 썰매타기 · 숨바꼭질 등의 놀이에 푹 빠져서 날마다 흙에서 뒹굴며 지냈다. 산골 촌뜨기였으므로 어쩌다가 덜거덕거리는 달구지만 태워주어도 하늘을 난 듯이 펄쩍 뛰었다. 그래도 최첨단 과학문명기기에 둘러싸여 숱한 학원을 찾아다니며 자라는 요즘 약둥이[2]보다 더 좋은 배움터에서 자랐다고 내세울 수 있는 것은 지금보다 훨씬 더 많은 동식물을 품은 깨끗한 자연이다.

밤새 보슬보슬 내린 봄비를 머금고 나무와 풀에 생기가 돋아서 싱싱한 연초록빛깔이 가슴을 파고들 듯 솟아오른다. 빗줄기에 먼지가 말끔히 씻겨서 앞산에 친 거미줄도 보일 만큼 공기가 맑다. 따듯한 햇발을 실은 명지바람[3]이 얼굴을 간질인다. 새 생명이 움트는 봄답게 많은 동식물이 사랑의 음률을 연주하니까, 사랑하는 아내와 오솔길을 거닐면서 도란도란 속삭이고 싶다.

내가 어린 시절에는 사월의 허리를 넘기면 집집마다 제비가 다시 찾아와서 집 언저리를 날면서 인사도 하고 봄이 무르익고 있다는 소식도 알려주었다. 곧바로 처마 밑에 보금자리를 마련하고는 알을 낳아 새끼를 쳤다. 여름을 나고 가을에 따듯한 지방으로 떠나는 날까지, 집 언저리에서 바쁘게 살며 '때를 놓치지 말고 부지런히 살라.'고 가르쳤다. 그 흔하던 스승이 지금은 어디로 꼭꼭 숨었는지 깃털조차 볼 수 없을 만큼 귀하다. "강남 갔던 제비가 돌아오면 이 땅에 또다시 봄이 온다네."라는 노랫말을 나도 모르게 흥얼거리면서 먼 길 날아와서 살던 집 찾아들던 제비를 그리워한다.

"저기 저 색시, 예쁜 색시, 버선 한 짝 들고 앉아 잘도 깁는다. …… 수양버들 가지가지 늘어진 날에 의좋은 제비남매 지껄입니다."가 누구의 글인지 나는 모른다. 그러나 어려서 자주 흥얼거리던 이 노랫말이 새치름한[4] 제비를 매우 영절스럽게[5] 나타냈다고 생각한다. 이 글은 수양버들이 가지를 축 늘어뜨린 봄날, 같은 배[6]로 까인 제비 두 마리가 나란히 줄에 앉아 사이좋게 지저귀는 모습을 떠오르게 한다. 색시들은 혼자일 때는 입을 꼭 다물고 일에만 열중하는 새침데기다. 그렇지만 둘 이상이 모여서 일할 때는 새새거리기를 잘 하는 수다쟁이다. 누가 제비남매가 조잘조잘 지껄이는 것을 보고, 뭐어난 손재간으로 버선을 깁는 색시로 그렇게 잘 그렸는지 놀랍다.

얌전한 몸놀림에 정이 찰찰 흐르면서도 얼음같이 차고 매정한 성미를 가진 색시처럼, 제비는 옛정을 잊지 않고 찾아들면서도 한번 토라지면 다시는 돌아서지 않는다. 마음에 드는 장소를 골라 정성껏 집을 짓다가 누가 집 짓는 것을 건드리거나 가까이 다가가서 들여다보면 요란스럽게 지저귄다. 그래도 자꾸 헤살을 놓으면, 집 주변을 몇 번 날아돌다가 미련 없이 그 터를 버리고 어디론가 떠나가서 영영 돌아오지 않는다. 제비의 이런 성미를 알고 어른들은, "귀엽다고 새끼를 만지면, 그 놈은 죽어. 어미가 용하게 알아보고, 그 녀석은 굶겨 죽여. 가까이 가지도 말고, 손대지도 마!"하면서 단단히 타이르곤 하였다.

고운 목소리로 책을 읽는 영악한 색시와 같이, 제비는 날아다닐 때나 줄에 앉아 있을 때나 재빠르게 "지지배배 지지지지 쭈르르"하면서 봄부터 가을까지 늘 지저귄다. 작년에 살던 집에 아무 탈 없이 돌아와서 다행이라고 지껄이고, 먼 남쪽나라에서 오는 동안 겪은 일을 이야기한다. 짝을 이루어 사랑을 속삭이고, 집 짓고 알 낳을 일을 상의한다. 짚·마른 풀잎·작은 나뭇가지·논흙 따위를 입에 물고 처마 밑을 부지런히 드나들면서 날렵한 날갯짓으로 기둥에 바짝 붙어 앉아서, 신기(神技)한 솜씨로 보금자리를 튼다. 집이 튼튼하게 지어지도록 진흙이 마르는 정도를 보아가며, 서두르거나 늦추는 일 없이 제 때에 맞춰 자디잔 논흙 덩어리를 차곡차곡 쌓아 올려서 집을 짓는다. 머릿속에 설계한 높이만큼 흙덩어리가 쌓이면, 집짓기를 마무리하고 알을 낳는다. 알을 낳고는 신기하게 생겼다고 떠들고, 알을 품을수록 하루가 다르게 쑥쑥 자란다고 호들갑을 떤다. 알을 깐 뒤에는 새끼가 귀엽다고 자랑하고, 부부가 부지런히 먹이를 물어다 먹이면서 받아먹는 모습이 대견스러워서 수다를 떤다. 새끼가 거의 다 자라면 날아다니는 요령, 사냥기술, 남과 더불어 사는 기본예절 따위를 쉴 새 없이 가르친다. 맑은 날씨에는 높이 날면서 즐겁게 지저귀고, 비가 오려고 하면 낮게 날면서 비설거지하라고 작은 소리로 말한다. 태풍이 오고 있으면 낮게 날면서 어서 대비하라고 요란스럽게 외친다. 가을바람이 불기 시작하면 이웃과 몰려다니면서 지난 일과 먼 나라로 다시 날아갈 이야기 등을 늘어놓는다.

제비 소리는 가냘프고 연약한 맛이 있어서 한 마리가 지저귀든 여러 마리가 떼로 몰려다니며 지저귀든 언제 들어도 기분이 좋다. 두견새 소리는 떠나가서 돌아올 수 없는 사람을 안타까이 그리도록 만들고, 뻐꾸기 소리는 사랑하는 사람을 홀로 남겨두고 기약 없이 떠나가는 사람의 뒷모습을 바라보는 서글픔을 자아낸다. 꾀꼬리 소리는 곱지만 너무 기교(技巧)를 부려서 거리가 멀게 느껴지고 아침에 집 앞에서 까치가 울면 반가운 소식이 올 조짐이라고 좋아하지만 떼 지어 깍깍거릴 때는 시끄럽기 짝이 없다.

예로부터 사람들은 제비를 길한 일을 미리 알려주는 길조(吉鳥)로 여긴다. '홍부와 놀부' 이야기에서는 그런 제비를 해코지하지 말고 잘 돌보아주라고 가르친다. 농부들은 제비가 봄에 날아와서 지저귀면 봄소식을 전하는 것으로 알고 반가워하고, 새끼를 많이 치면 가을농사가 풍년들 징조로 여기면서 기뻐한다. 마루 위 서까래에 둥지를 틀고 새끼를 쳐서 집안에 털이 날아다니고 마루에 똥이 떨어져도 너그러이 받아들이고 가족처럼 대한다.

제비는 땅은 거의 디디지 않고 줄 위에 앉는 것을 좋아한다. 날쌔게 날아다니면서 날벌레를 잡아먹고, 땅에 스치듯 날면서 길벌레를 사냥한다. 지금은 제비가 매우 귀하지만 내가 어릴 때는 아주 흔했다. 얼마나 많았는지 가을에 먼 나라로 떠나갈 준비를 할 때는 온 하늘을 뒤덮다시피 몰려다녔다. 빨랫줄이나 전화선에 앉아 있을 때는 선이 보이지 않을 만큼 다닥다닥 붙어서 재잘거렸다.

요즘 대부분의 사람들은 가정에서 가족끼리 정답게 이야기를 나누는 시간보다 묵묵히 텔레비전 화면을 보거나 혼자 컴퓨터의 모니터를 보는 시간이 훨씬 더 많다. 어린이마다 시간을 쪼개서 온갖 학원을 부지런히 다니고, 홀로 앉아 컴퓨터 게임을 즐긴다. '행복은 꼴지라도 공부는 1등'으로 수놓아야 성공할 사람으로 인정받으므로, 어린이에 따라 정도의 차이는 있겠지만 누구든 마음이 억눌린 채 신음하며 자란다. 내가 어렸을 때는 같은 나이또래들과 늘 붙어 다니다시피 지내면서 서로 숨소리도 듣고 몸도 부딪치며 노는 것이 생활의 전부요, 배움이었다. 알밤이 숲 속에서 햇발도 받고 비바람도 맞으면서 토실토실 탐스럽게 여물듯, 벗들과 풍요로운 자연의 품에 안겨 다정히 놀다가 티격태격하면서 우정도 나누고 꿈도 키우며 티 없이 자랐다.

제비는 내가 어린 시절을 보낸 것처럼, 가족이나 이웃끼리 무리지어서 정답게 지저귀며 지낸다. 이런 습성을 지닌 제비족(燕族)을 우리는 '연상(年上)의 유한부인(有閑夫人)에게 붙어사는 젊은 남자를 속되게 이르는 말'로 쓰고 있다. 요즘 어린이들은 제비가 사는 모습을 쉽게 볼 수 없다. 그들이 제비와는 얼토당토않은 제비족의 뜻을 알고, 제비에게 젊은 수컷이 늙은 암컷에게 붙어사는 습성이 있는 것으로 잘못 생각하지 않을까 걱정스럽다.

1) 솔봉이 : 나이가 어리고 촌티가 나는 사람.
2) 약둥이 : 똑똑하고 약은 아이.
3) 명지바람 : 보드랍고 화창한 바람.
4) 새치름하다 : 얌전한 체하는 기색이 있다.
5) 영절스럽다 : (마치 실제의 것인 양) 보기에 그럴듯하다.
6) 배 : 짐승이 새끼를 낳거나 알을 까거나 하는 횟수를 세는 단위.

개인중심생활

홍수에 둥둥 떠내려가면서도 정작 마실 수 있는 깨끗한 물 한잔은 없는 것처럼, 웹을 통해 온 세상 사람과 밤낮 대화하면서도 마음을 터놓고 지내는 사람 하나 없이 외롭게 살기 쉽다. 무한한 정보 속에 살면서도 쓸 만한 지식을 쌓지 못하고 빈껍데기로 살기 쉽다.

사람과 마소의 힘만으로 농사를 짓던 시대에는 때를 맞춰 품앗이[1]와 울력[2] 등으로 함께 힘을 합쳐 할 일이 많았으므로 저절로 한 집이나 한 마을을 단위로 대가족을 이루면서 살았다. 농업중심사회가 기계산업사회로 바뀌면서 대가족은 부부중심의 핵가족시대로 옮겨갔다. 기계산업사회가 다시 정보통신사회를 거쳐 지식기반사회로 옮겨감에 따라 핵가족중심의 가정생활도 크게 바뀌고 있다.

가족의 얼굴보다 텔레비전, 컴퓨터, 아이팟, 아이패드 및 휴대전화 등의 화면을 더 많이 보고, 가족과 말하는 것보다 휴대전화로 다른 사람과 말하거나 인터넷으로 다른 사람과 채팅한다. 가족과 오락하는 것보다 인터넷 게임을 더 즐기고, 가족이 둘러앉아 엄마아빠의 사랑이 담긴 음식을 먹을 때보다 각자 편한 때 집 안팎에서 따로 먹을 때가 더 많다. 가족을 중심으로 얼굴을 맞대고 기쁨·즐거움·슬픔·걱정거리를 나누며 정답게 살던 생활모습이, 식구마다 독특한 취향·관심거리·생활패턴에 따라 제각각 이루어진다.

한 가족이면서 시간·공간·장소·대상이 사람마다 다른 생활을 나중에 사회학자들은 무엇이라고 부를지 몰라도, 나는 여기에서 그냥 '개인중심생활'이라고 일컬어본다. '개인중심생활'에 젖은 사람이 보는 가족중심사회는 '한갓 타고난 성별이나 연령 때문에 가족 사이에 주종(主從)관계로 차별되는 것이 매우 못마땅하다. 아내(또는 자녀)는 자신의 뜻보다 남편(또는 부모)의 권위에 절대복종하는 반인권적 사회'이므로 개인의 존엄과 가치가 무시되고 행복과 평등이 희생되기를 강요당해서 가정이 갑갑하고 숨이 막힌다. 반대로 가족중심사회에서 '개인중심생활'을 보면, 생각과 생활의 틀이 전통적인 가치관에서 변질되어 짐승처럼 '제멋대로'이므로 인륜도 저버리기[3] 쉽고 가정질서도 무책임하게 허물어지기 쉬워서 도무지 마뜩찮다.

'개인중심생활'에서 나타날 몇 가지 특징을 드러내본다.

먼저, 남녀가 혼인하여 법적으로 보호도 받고 얽매이면서 한평생 살아야 하는 부부관계가 반드시 필요하지 않다. 행복에 도움이 되면 함께 머물고, 불행하거나 성가시면 언제든지 손쉽게 헤어진다. 부부로 살든 홀몸으로 살든, 부부가 함께 살든 따로 살든, 검은 머리가 파뿌리가 되도록 살든 밥 먹듯 이혼하고 죽 끓듯 재혼하든, 혼인신고를 하든 동거만 하든 아무렇지도 않고 누구도 간섭할 일이 아니다. 가족중심사회에서는 주변 사람들로부터 크게 비난받을 일도 개인중심생활에서는 남이 나서지 않으므로 자연스럽다.

둘째, 가족중심사회에서는 어린 자녀가 날마다 부모 품에서 사랑과 가르침을 받으며 자라지만, 개인중심생활에서는 웹(web) · 조기국내외교육 등에 의해 부모와 동떨어져서 자란다. 생활공간 · 시간 · 관심거리 등이 서로 다르다 보니, 얼굴을 마주할 시간도 · 필요도 · 여유도 없다. 어머니 아버지는 나를 낳아서 길러주는 사람이요, 양육의 의무와 책임에 의해 생활비와 교육비를 대주는 사람일 뿐이다. 여북하면 사람다운 언행에서 자녀의 본보기로 우러르던 '존경하는 아버지'가, 돈이나 대주는 '기러기 아빠'로 전락하였겠는가!

셋째, 사람의 힘으로 농사짓던 대가족시대에는 마을 사람들이 서로 도와야 때를 놓치지 않고 일할 수 있었으므로 '이웃' 일이 바로 내 일이었다. 생업이 다양한 핵가족중심사회에서는 '옆방'의 내 가족과 더불어 살아가므로 '옆방' 일에만 관심이 있고 '이웃'은 멀어진다. 개인중심생활에서는 '옆방'에 있는 식구가 서핑(surfing)하는 웹 세상이 나와 전혀 다르므로 내 관심거리가 아니고 내 관심과 관련된 내 세상밖에 없다.

넷째, 가족중심사회에서는 교육 · 사업 · 가정 · 교통 · 통신 · 여행 · 상품구매 등의 많은 일이 전화로 통화하거나 사람을 직접 찾아가야 이루어졌지만, 개인중심생활에서는 어느 때나 웹에서 신속·정확하게 이루어진다. 가족끼리 나누어 하던 많은 일을 혼자 얼마든지 처리할 수 있다. 다니엘 디포(Daniel Defoe)는 로빈슨 크루소를 외딴 섬에서 혼자 외롭게 기억을 더듬으며 살도록 글을 썼지만, 오늘날 정보통신문명은 사람들을 뚝 떨어진 웹 섬에 제각각 떨어뜨려 놓고 혼자 사이버세상을 서핑하며 살도록 바꾸었다.

다섯째, 개인중심생활은 '개인 공간' 즉, 원룸에 웹 세상만 있으면 된다. 가족은 없어도 되지만 웹이 잠시라도 없으면 답답해서 숨이 막힌다. 가족끼리 따듯한 숨소리를 들으며 사랑을 나누던 삶의 모습이, 차가운 웹 세상에서 많은 사람과 매우 복잡하고 다양하게 얽히는 형태로 바뀌었다. 가족마다 활동하는 세상과 시간이 다르니 한 집에 살아도 서로가 다른 세상의 공간에 머무는 남이다. 가족끼리 거의 얼굴을 마주 보고 지내지 않으니, 만나도 나눌 말이 없어서 어색하고 멋쩍다. 머슬머슬한 사이가 되어 '소 닭 보듯 닭 소 보듯'하게 된다. 서로 잃어버려도 아쉬움이 없으니 잊고 살아도 괜찮다. 개인중심생활은 그냥 나만 있을 뿐 너는 없다. 다른 사람을 위해 내가 있지도 않고, 내가 그들에게 필요하지도 않다.

마지막으로, 웹 세상에서 세계 구석구석과 연결되어 온갖 일을 처리하는 개인중심생활의 하루활동은 틀에 박힐 까닭이 없다. 세계가 손바닥에 들어앉았으니 밤낮이 따로 없다. 일할 때 일하고 접을 때 쉰다. 밤새도록 일한 이에게 새벽은 일어날 시간이 아니라 편안하게 쉴 시간이다. '일찍 자고 일찍 일어나라'고 이르던 농업중심사회의 가르침은 개인중심생활에 맞게 '아무 때나 잠들고, 깨고 싶을 때 일어나라.'로 바뀌어야 한다.

'개인중심생활'을 뒷받침하려고 일제시대에 도입된 호주제를 폐지하는 법률을 마련해서 2008년 1월부터 시행하고 있다. 누구나 개인

별 신분등록부를 갖고, 개인의 출생·성명·혼인·입양 등의 신분변동 사항과 부모·배우자·자녀의 성명·주민등록번호 등의 인적사항을 기록한다. 자녀들의 성씨는 아버지의 성을 따르는 것이 원칙이지만, 부부의 협의에 의해 어머니의 성을 따를 수 있고 재혼한 가정의 자녀는 새 아버지의 성을 따를 수 있다. 호주를 중심으로 조부모와 형제자매까지 기록하던 가정의 기본단위를, 개인중심으로 부모·배우자·자녀만 기록하도록 바꾸는 큰 회오리바람이 불었다.

개인이 기본단위인 개별 신분등록사회에서는 내가 누구의 자식이든, 누가 나의 자녀든, 그것은 크게 따질 문제가 아니다. 아버지의 성씨를 쓰든, 어머니의 성씨를 쓰든, 새 아버지의 성씨를 쓰든, 자유로운 제도에서 내가 누구로부터 어떻게 태어나서 자란 일이 무슨 대수겠는가? 호주가 가족의 우두머리로 우뚝 자리를 잡고 가족을 책임지고 이끌 때 요구되던 사람의 도리는 흘러간 옛이야기이거나 '귀신 씨나락 까먹는 소리'일 뿐이다. 개인중심이므로 낳아서 기르고 가르치는 책임과 의무는 물론 독신·결혼·이혼·재혼의 가치관에 대해서도 크게 달라지고 있다.

정보통신과 교통문명이 풍요롭게 발달하고 개인중심생활을 뒷받침하도록 법률이 바뀌었어도 사람이 타고난 모둠살이 본능까지 바꿀 수는 없다. 홍수에 둥둥 떠내려가면서도 정작 마실 수 있는 깨끗한 물 한잔은 없는 것처럼, 웹을 통해 온 세상 사람과 밤낮 대화하면서도 마음을 터놓고 지내는 사람 하나 없이 외롭게 살기 쉽다. 무한한 정보 속에 살면서도 쓸 만한 지식을 쌓지 못하고 빈껍데기로 살기 쉽다. 개인중심이 지나쳐서 사람끼리 오가는 인정마저 멎은 삶은 삭막한 산꼭대기나 황량한 사막에 혼자 떨어져 사는 것과 똑같다. 가슴이 메말라서 작은 충격에도 삶이 통째로 쉽게 무너질 수 있다.

개인중심생활에서 살아가는 청소년들에게 건실한 가족사회의 필요성과 올바른 가치관을 제시하려면 먼저 호주제와 개인중심제의 장단점을 잘 알도록 가르쳐야 한다. '호주제 폐지'는 평등하고 민주적인 가족질서를 도입하는 제도이다. 이런 좋은 뜻과 달리 자칫 무책임과 자유방임만 앞세우고 걷잡을 수 없는 혼란에 빠질 수도 있다. 비민주적이고 불평등하고 독선적인 호주제도의 폐해 대신 지금의 가정질서가 무너지면서 문제투성이의 개인중심으로 변질되어 내남없이 정신적 공황에 빠질 수도 있다는 점을 심사숙고해야 한다.

1) 품앗이 : 힘드는 일을 서로 거들어 주면서 품을 지고 갚는 일.
2) 울력 : (여러 사람이) 힘을 합하여 일을 함, 또는 그 힘.
3) 저버리다 : [은혜 따위를] 마음에 두지 아니하다.

이웃

●●●

내가 자라던 산골마을은 새로 단장한 초가와 허름한 초가가 구불구불하고 좁은 마을길을 따라 뒤얽혀 있어서 사람으로 치면 허릅숭이였다. 그 어리숭한 틈을 서로 보살피는 훈훈한 인심으로 모두 메워서 넉넉하였다.

매서운 추위가 몰아칠 한겨울이지만 오랜 동안 푹한 날씨가 이어지고 있다. 모처럼 아내와 함께 삶터와 멀리 떨어진 낙안읍성 민속마을로 나들이를 떠나고 있으니까 마음이 달떠서 어린 시절로 되돌아간다. 자동차 창으로 들어오는 따사로운 햇살에 봄처럼 몸이 근질거린다. 날씨는 따듯하지만 덕유산 언저리의 북쪽 산기슭에는 눈이 쌓여서 희끗희끗하다. 겨울이 봄에 쫓겨 깊은 산속 응달진 곳으로 도망쳐서 잔뜩 움츠러든 꼴이다.

고샅길을 걸으면서 민속마을을 둘러본다. 볼거리를 제공하려고 새로 꾸민 마을이 아니라 제주의 성읍 민속촌처럼 농민이 살고 있는 집이 많아서 가깝게 느껴진다. 그렇지만 판에 박은 듯이 모든 집 지붕에 이은 이엉과 이엉마루는 물론 흙벽과 문에 바른 창호지가 똑같이 깔끔해서 내가 어릴 때 보던 산골과 동떨어진 모습이다. 내가 자라던 산골마을은 새로 단장한 초가와 허름한 초가가 구불구불하고 좁은 마을길을 따라 뒤얽혀 있어서 사람으로 치면 허릅숭이[1]었다. 그 어리숭한[2] 틈을 서로 보살피는 훈훈한 인심으로 모두 메워서 넉넉하였다. 사리에 어둡고 어리석은 데다 가난하였지만 넉넉하게 채우면서 지낸 내 윗세대 어른들의 슬기로운 삶이 새삼스럽게 돋보인다.

짚을 우려 옷감에 물들이는 사람, 베틀에 앉아 삼베 짜는 사람, 연자방앗간, 물레방앗간, 삼태기, 다래끼[3], 소쿠리, 멍석 등에서 어린 시절이 떠오른다. 점심을 먹으러 초가집 식당에 들르니 가족끼리, 이웃끼리, 몇 사람씩 밥상머리에 둘러앉아 이야기꽃을 피운다. 가까운 사람끼리 민속마을을 찾아 정을 나누는 모습이 아름답다. 그 모습에서 지난날 내가 가까이 지낸 이웃과 멀리 지낸 이웃이 떠오른다.

내가 아내를 만나서 차린 신혼살림 방은 아내가 근무하는 시골학교 옆에 있는 단칸셋방이었다. 초가지붕에다 벽은 수숫대를 엮고 붉은 흙을 바른 작은 방이었다. 논배미 쪽에 들창문을 내고 앞마당 쪽으로 여닫이문을 단 쪽방이었다. 여름 한낮에는 벽과 문틈으로 더운 바람이 스며들어서 바깥보다 더 덥고, 겨울에는 찬바람이 술술 들어와서 웃바람이 씽씽 불었다. 얇은 창호지 한 장으로 방을 가렸으므로 바깥소리가 늘 그대로 들어왔다.

부부의 직장이 뚝 떨어져 있어서 주말에만 함께 지냈다. 뜰 앞에 꽃밭을 일구어 이웃 사람들이 준 봉숭아, 맨드라미, 꽈리, 백일홍, 채송화 등을 심었다. 정성껏 기르는 화초가 잘 자라 예쁜 꽃이 피면서 부부사랑도 아기자기하게 피고 이웃 사이에 정도 깊어졌다. 하나도 걸러지지 않고 들리는 바깥소리에 훈훈한 이웃인심도 함께 묻어 들어왔다. 가난하였지만 사람 사이에 오가는 마음이 포근해서 행복하였다.

단칸 월세방에서 세 칸짜리 단독주택을 마련하는 동안 우리는 6년이라는 세월을 주말부부로 지내다가 함께 살게 되었다. 그 후 주거형태에 큰 변화가 생겨서 도시에 아파트단지가 들어섰다. 우리도 단독주택생활을 접고 아파트에 집을 장만해서 삶터를 옮겼다. 정든 이웃과 헤어지는 서운함을 새로운 이웃과 가까이 지내며 메우겠다고 다짐하고 낯선 곳으로 이사하였다. 이사한 뒤 바라던 대로 앞집, 아래층, 다른 위층사람들과는 두루두루 터놓고 잘 지내지만 바로 위층 이웃과는 그렇지 못하였다. 그 집은 누구든 집에 오는 것을 꺼리는데다 우리와는 층간소음 때문에 더욱 '먼 이웃'이 되었다.

그 집에서는 누구인가가 거의 날마다 새벽 4시쯤부터 30분 동안 러닝머신에서 달린다. 그러면 우리 집 전등은 "우르르" 신음하고 천장은 금세 내려앉을 듯 몸살을 앓는다. '며칠 달리다 말겠지'하다가 거둘 낌새가 보이지 않아서 인사도 할 겸 우리 부부가 과일을 들고 위층 집을 방문하였다. "무슨 일로 오셨어요?"하기에 "아래층에서 인사 왔어요."하였더니 탐탁하지 않은 얼굴로 마지못해 맞이한다. 딱히 할 말이 없어서 거실에 놓인 가구를 둘러보며 짐짓[4] 부러워한다. 바로 가지 않고 머무는 우리를 못마땅하게 여기는 눈치지만 모르는 체하다가 체력단련실로 꾸민 방으로 들어간다. 트레드밀을 보며 건강의 중요성에 대해서 말하다가 바닥을 보완하여 소음을 줄여달라고 간곡히 당부한다. 그런데 그 집 남자의 응수에 어이가 없다.

"우리는 미국에서 오래 살아서 외제가 많아요. 자녀들도 미국에서 낳았어요. 우리가족은 영어를 쓰고 그 문화에 젖어 있어요. 누가, 언제, 어디서, 무엇을, 왜, 어떻게 하든 서로 간섭하지 않아요. 그런데 댁이 왜 사생활에 간섭해요? 그냥 눈으로 보면 됐지 왜 남의 살림을 들먹여요? 이 방에 트레드밀(treadmill)은 있어도 달리는 기계(running machine)는 없어요. 달리는 기계를 왜 우리에게 말해요? 우리가족 중 트레드밀에서 달리는 것을 보았어요? 소음을 들먹일 만큼 댁의 천장 전등이 흔들린 과학적 근거가 있어요? 아내와 딸은 '발레리나'라서 늘 뒤꿈치를 들고 걸으므로 발소리도 나지 않습니다. 약속 없이 불쑥 오셨으니 이제 나가주세요. 피곤해서 쉬어야 합니다."

그는 기다렸다는 듯 일사천리로 말한다. "우리나라에서는 간섭하려는 뜻 없이 그냥 남의 세간을 보고 좋다고 덕담을 건네요. 러닝머신은 트레드밀 대신 우리나라에서 흔히 쓰고 있어요. 아파트는 개인주택이지만 동시에 공동주택입니다. 꼭두새벽에 높은 아파트에서 달리는 것을 누가 어떻게 보겠어요? 우리나라 아파트는 트레드밀에서 마음껏 달려도 아래층에 피해를 주지 않을 만큼 완벽하지 못합니다. 진동음을 측정해서 들이대야만 이웃끼리 말할 수 있습니까?"하고 따질 수도 있다. 그래봤자 말하는 태도로 보아 부질없는 일이라서 '먼

사촌보다 가까운 이웃이 낫다'는 속담과 '메마른 나무에 새가 날아들지 않듯 가슴이 메마르면 이웃이 멀어진다'는 말을 조심스레 남기고 나온다. 그러나 쇠귀에 경 읽기가 되어서 안타깝다.

그 후 우리 집 건너 위층이 이사를 가고 다른 사람들이 새로 들어왔다. 그런데 곧 그 집과 위층 집 사이에 싸움이 대판 벌어졌다. 초등학교에 다니는 쌍둥이 형제들이 방에서 뛰는 것이 발단이었다. 우리 위층에서 "댁의 애들이 아무 때나 너무 뛰어서 집에 있으면 신경질이 나요. 우리 아내와 딸은 수면제를 먹어야 잠들 정도로 신경이 쇠약해졌어요. 장난치지 않도록 애들 좀 단속해요."하고 항의한다. 건너 위층은 "한창 크는 애들을 단속하라니요! 마음껏 놀면서 씩씩하게 자라야지, 병든 닭처럼 꾸벅꾸벅 졸면서 방구석에 처박히란 말이요!"하고 맞바람에 되받으며 언성을 높이고 삿대질[5)]한다.

오랫동안 큰 소리를 주고받다가 얼굴을 붉힌 채 싸움은 끝났다. 아파트는 단독주택보다 이웃은 더 가깝지만 서로 정답게 지내는 것보다 '닭 소 보듯, 소 닭 보듯' 덤덤하게 지내기 쉽다. 이웃사이에 소음문제로 언쟁이 나면, 영악한 머리로 서로 매섭게 따지다가 상대방의 말꼬리를 물고 늘어져서 엉뚱한 감정싸움으로 번지기도 한다. 차가운 콘크리트 벽을 뚫고 소리가 안팎으로 드나들지 못해서 사람의 마음마저 꽉 막혀 따듯한 정이 오가지 못한다.

우리 위층은 외톨이로 2년 동안 머물다가 어느 날 쥐도 새도 모르게 훌쩍 떠났다. 허술한 초가집 단칸방에서 학창기간이 짧은 이웃과 따듯하게 지낸 내가, 튼튼한 아파트에서 많이 배운 위층과 끝내

화해하지 못하고 매운 겨울처럼 '먼 이웃'으로 헤어진 아쉬움에 때때로 연민의 정이 흐르곤 한다.

1) 허릅숭이 : 실답지 못한 사람.
2) 어리숭하다 : 보기에 어리석은 듯하다.
3) 다래끼 : 대·싸리·고리버들 따위로 결어서 만든, 아가리가 좁고 바닥이 넓은 바구니.
4) 짐짓 : 마음은 그렇지 않으나 일부러 그렇게. 고의로.
5) 삿대질 : 다투거나 대화할 때 상대방을 향해 팔을 뻗치거나 막대기 따위를 내지르는 것.

돼지

●●●

뚱뚱한 몸매를 가진 사람을 '뚱돼지'라고 일컫고, 귀엽고 복스러운 몸매를 가진 젊은 여인을 '꽃돼지'라고 부른다. 옛날에 돼지를 잡을 때는 흔히 멱을 땄는데 멱 딸 때 곱게 소리 지를 짐승은 없으므로 듣기 싫은 소리로 노래하거나 고함칠 때 '돼지 멱따는 소리'라고 빗대서 말한다.

곡우를 며칠 앞둔 절기에 맞게 부지런한 농부들은 이미 못자리에 볍씨를 부었고 겨우내 불던 싸늘한 북서풍은 훈훈한 남서풍으로 바뀌었다. 그래도 산골짜기의 새벽바람에는 이른 봄에 불던 소소리바람기[1)]가 그대로 배어 있어서 짧은 옷을 입고 달려가는 내 몸에 닿는 바람은 맵고 스산하다. 소쿠라지며[2)] 흐르는 여울의 노래에 홍이 절로 나서 풀잎마다 생기가 넘쳐난다. 이른 봄과 늦은 봄이 밤낮으로 맞교대하는 틈바구니에서도 개복숭아와 유채를 비롯한 온갖 꽃들이 흐드러지게 피고 아랫녘 골짜기에 터 잡은 고마리와 클로버가 파릇파릇하게 자라서 탐스럽다. 고마리와 클로버가 수북하게 올라오는 모습에서, 학교만 파하면 지게 소쿠리[3)]가 두두룩해질 때까지 돼지가 좋아하는 연한 풀을 베어 짊어져 나르던 초등학교시절이 떠오른다.

그 시절 농촌에는 돈벌이 될 일이 별로 없어서 돼지를 치는[4] 집이 많았다. 우리 집도 봄이면 장에 가서 새끼돼지를 사오든, 어미돼지가 새끼를 낳든, 으레 여러 마리의 돼지가 득시글거렸다. 돼지죽에 넣을 겨나 밀기울이 넉넉하지도 않았지만 풀과 겨를 섞어먹는 돼지가 더 튼튼하였으므로 우리 집에서는 풀을 보조 사료로 삼았는데, 그 풀을 장만하는 일은 내 몫이었다. 새끼돼지들이 풀을 게걸스럽게 먹는 모습도 재미있고, 아버지께서 풀 값도 두둑이 쳐주셔서 나는 풀 베러 다니는 일을 마다하기는커녕 오히려 즐겼다.

돼지는 고기와 지방을 얻기 위해 기르는 가축이다. 그렇지만, 초등학교시절 나에게 재미와 돈을 안겨줄 만큼 가깝게 지낸 동물이기에 돼지와 관련하여 보고들은 말이 꽤 많이 떠오른다.

먼저 돼지는 재물이나 만복의 근원이 되는 길상(吉祥)이요, 집안의 재신(財神)으로 여기는 동물이다. 꿈에서 돼지를 보면 재물이 생길 길몽으로 여기고, 장사꾼이 정월상해일(正月上亥日)에 문을 열고, 돼지그림을 부적으로 거는 풍속 등은 이런 관념에서 연유되었다고 생각한다. 어린 시절에 새끼돼지가 우리를 뛰쳐나가서 뒷다리를 붙잡으려고 무진 애쓰고 다닌 날은 돼지꿈이라도 꾸기를 은근히 바라곤 했다.

다음으로 돼지는 신화에서 신통력을 지닌 동물을 상징하고, 제사지내는 의식에서 신에게 희생물로 바쳐지고, 신의 뜻을 전하는 사자(使者)의 모습을 지녔다고 여기는 짐승이다. 부여 부족국가를 통치한 벼슬 중에 저가(猪加)가 있고, 고구려의 유리왕 때 교제(郊祭)라는 제사에 쓸 돼지가 국내위나암(國內尉那巖)으로 달아나서 돼지를 쫓아간 사람들이 '국내위나암은 산수가 깊고 험하며 땅이 기름져 곡식을 키우기 알맞고 여러 동물이 많이 나는 것을 보았다'며 도읍으로 삼을 것을 주청해서 옮겼고, 아들이 없던 고구려 산상왕이 달아나는 교시(郊豕 : 돼지)를 쫓아 주통촌(酒桶村)에 이르러서 20세가량의 여인을 만나 하루를 보낸 뒤 아들을 얻은 것 등은 돼지의 신통력에서 비롯된 제도나 이야기라고 생각한다. 고사를 지낼 때 돼지머리를 상에 올려놓고 잘 되게 해달라고 큰절을 올리거나 무릎 꿇고 앉아 비는 것은 돼지를 신에게 희생물로 바치는 의식이요, 우리나라의 고대유물에서 돼지의 모습이 출토되는 것은 돼지가 신의 뜻을 전하는 사자(使者)의 모습을 지녔다고 여겼기 때문일 것이다. 옛 문헌과 고전문학에서도 돼지는 상서로운 징조로 표현되는 동물로 많이 등장하고 있다.

내가 돼지를 기르면서 지켜본 돼지의 습성은 더러운 곳보다 깨끗한 북더기[5]를 좋아하고, 게으르기는커녕 장난하기를 좋아하고, 배가 터지도록 많이 먹기보다 과식하는 일이 거의 없고, 감각이 예민해서 소음을 싫어하는 영리한 동물이다. 그렇지만 속담에서는 미련하고, 하찮고, 더럽고, 별스럽고, 종작없이 어리석은 짓을 저지르는 부정적 동물로 그려지는 경우가 많다.

미련한 사람의 직감이 맞아떨어진 것을 비유할 때 '돼지가 깃을 물어들이면 비가 온다.'라고 말하는 것은 미련한 동물로 쓰인 속담이다. 근심이 있으나 누구 하나 알아주는 사람이 없이 끙끙 앓는 것을 비유할 때 '관가 돼지 배 앓는 격'이라고 하고, 잠이 와서 거슴츠레한 눈을 '업혀 가는 돼지 눈'이라고 놀리고, 아무 소용없거나 격에 맞지 않을 때 '돼지 목에 진주목걸이' 또는 '돼지 앞에 진주'라고 비유하는 것은 하찮은 짐승이라는 뜻이 담긴 말이다. 더러운 사람은 더러운 사람끼리 좋아한다고 빗댈 때 '돼지는 흐린 물을 좋아한다.'라고 말하는 것은 더럽다는 뜻의 말이고, 보통 때와 다른 짓을 하거나 남다른 짓을 한다는 뜻으로 '돼지 왼 발톱'이라고 말하는 것은 별스럽다는 뜻으로 쓰인 속담이다. 혼내 주려고 잔뜩 벼르고 있을 때 '오조 먹은 돼지 벼르듯'이라고 비유하는 말은 버르장머리 없이 일찍 익은 조에 입을 댈 만큼 종작없이 어리석고 미련한 짓을 저지르는 짐승으로 비유된 속담이다.

돼지라는 낱말은 우리의 일상생활에도 곳곳에 깊숙이 틀어박혀 있다. 뚱뚱한 몸매를 가진 사람을 '뚱돼지'라고 일컫고, 귀엽고 복스러운 몸매를 가진 젊은 여인을 '꽃돼지'라고 부른다. 옛날에 돼지를 잡을 때는 흔히 멱을 땄는데 멱 딸 때 곱게 소리 지를 짐승은 없으므로 듣기 싫은 소리로 노래하거나 고함칠 때 '돼지 멱따는 소리'라고 빗대서 말한다. 음식을 가리지 않고 탐스럽게 먹을 때 '돼지처럼 게걸스럽게 먹는다.'고 말하고 설화에서는 탐욕스러운 지하국의 괴물로 나온다. 실제 돼지의 습성과는 달리 욕심 많고, 미련하고, 지저분하고, 게으른 성격을 가진 사람을 일컬을 때도 직유법(直喩法)을 써서 '돼지처럼 욕심이 많다, 돼지처럼 미련하다, 돼지처럼 지저분하다, 돼지처럼 게으르다' 등으로 말하곤 한다.

우리는 돼지고기를 즐겨 먹으면서도 낱말을 뜻대로 가려 쓰지 못하기도 한다. '수육'이라고 일컫는 말이 그 중에 하나다. '수육'은 '삶아서 익힌 쇠고기'라는 뜻의 한자어 '熟肉'이 바뀐 말이므로 아무리 돼지고기를 뭉그러지도록 푹 삶아도 결코 '수육'으로 바뀌지는 않는다. '돼지고기'라는 말은 '제육'이다. 제육은 한자어 '猪肉'이 바뀐 말인데 '돼지수육' 대신 '제육편육(猪肉片肉)'이나 '돼지편육'이라고 해야 옳다.

요즘 가을이 되면 때때로 멧돼지가 마을에 나타나서 농작물도 결딴내고 사람도 상하는 일이 발생한다고 보도되고 있다. 내가 자라던 옛날보다 숲이 우거져서 먹거리가 많을 텐데도 먹이를 찾아 마을로 내려오는 것으로 보아 개체수가 많고 자연생태계가 건전하다는 것을 말하므로 기뻐할 일이면서도 사람을 해치거나 한 해 농사를 그릇되게 만들어서 총으로 쏴 죽였다는 소식을 들을 때는 가슴이 아리다. 돼지는 상서롭고 만복의 근원이 되는 긍정적 관념을 갖는 반면에 탐욕스럽고 더럽고, 어리석고, 미련하고, 게으르다는 부정적인 이미지로 비유되는 동물이므로 돼지를 대하는 내 마음도 기뻐하면서도 아린 마음이 병존하는 모순적 양면성을 지니는가보다.

1) 소소리바람기 : 이른 봄의 맵고 스산한 바람 기운.
2) 소쿠라지다 : 급한 물결이 굽이쳐 용솟음치다.
3) 소쿠리 : (대나 싸리로) 한쪽이 트이게 결어서 만든 그릇.
4) 치다 : 가축을 기르다.
5) 북더기 : 짚이나 풀 따위의 엉클어진 뭉텅이.

고향 찾은 날

계곡을 오를수록 자연이 연주하는 가락이 더 높아지고 멜로디도 더 다채로워진다. 도린곁에 오롯이 계시는 아버님을 위해 한바탕 벌이는 흥겨운 노래잔치다. 골짜기에 여울져 흐르는 시냇물과 온갖 곤충들이 재주껏 내는 소리가 뒤섞여서 콩켸팥켸 들리지만, 아무리 되풀이해도 질리기는커녕 즐겁게 들리는 대자연의 오페라다.

삼복더위는 맹위를 떨쳐야 여름 맛도 나고 풍년도 들게 마련이다. 그늘에서 몸에 알맞게 운동하여 건강도 챙기고 흐르는 땀으로 체온도 떨어뜨리는 것이 불볕더위를 물리치는 방법으로 가장 좋다. 올해는 장마가 길어서 초복더위는 그럭저럭 넘어갔는데, 중복이 지난 뒤부터 혹독한 찜통더위가 밤낮없이 계속되어서 생체리듬이 깨질 정도다. 간밤은 열대야에다 한줌의 바람마저 불지 않아서 깊이 잠든 시간이 너무 짧아서 몸이 개운하지 않다. 고향땅을 걸으며 몸의 컨디션도 조절하고, 떨어진 기력도 보태고, 없어진 입맛도 찾고, 집안어른들에게 인사도 드리려고 아침 일찍 아내와 함께 집을 나선다.

내 고향은 아버님께서 고이 잠드신 충주시 소태면 중청리이다. 중청리는 백운산맥의 품에 안긴 산악마을이다. 나는 어린 시절에 중청리에서 2년밖에 살지 않았지만, 중학교시절까지 방학만 되면 그 곳 큰댁에서 보름 남짓 지냈다. 다 큰 뒤부터 이제까지는 설과 추석에 명절 쇠러 가고, 아버님 산소를 돌보러가는 것이 고작이다. 그런데 내 나이 회갑이 넘으면서 연세가 지긋하신 고향 형님들이 어린 시절처럼 자주 들르라고 부쩍 말씀하시고, 나도 그분들 살아생전에 하루라도 더 가고 싶어서 자주 찾아 나선다.

가벼운 마음으로 고향 찾은 날은 공교롭게도 말복이다. 차에서 내려 실눈으로 해를 쳐다보니 얼굴이 뜨겁고 눈이 부시다. 드넓은 하늘중간에 조막만한 해가 동그마니 떠 있다. 작디작은 해에서 따가운 햇발이 사정없이 쏟아진다. 올해 더위의 꼭짓점이요, 오늘의 꼭대기에 다다른 활력으로 만물이 제 구실하도록 에너지를 듬뿍 내뿜고 있다.

먼저 아버님께 큰절을 올리러 간다. 산기슭과 개울 사이에 난 좁은 길을 20분쯤 걸어가면 아버님을 모신 산자락이다. 깊은 산골이라 개울은 좁지만 내가 자랄 때는 새우가 물풀에 득시글거리고, 가재가 돌이나 바위틈으로 숱하게 숨어들고, 버들치가 물살이 느린 웅덩이에서 떼 지어 몰려다니던 넉넉한 놀이터였다. 아무리 가물어도 마를 줄 모르고, 기울기가 가팔라서 물살이 빠르고, 물이 끊임없이 조잘대는 것은 예나 이제나 꼭 같다. 그렇지만 그 많던 새우, 가재, 버들치는 씨도 없이 사라지고 지금은 송사리와 피라미가 적은 가족을 거느리고 쓸쓸하게 지내고 있다.

고향 길을 걸으니까 마음이 달뜬다. 길섶에 살살이꽃이라고 일컫는 코스모스들이 머리마다 예쁜 꽃을 꽂고 가벼운 바람에 하늘하늘 나부끼고 있어서 더욱 기분이 좋다. 해바라기들이 함박웃음을 띠며 나를 반긴다. 밭 가장자리에 터 잡은 방동사니에도, 무궁화에도 꽃이 한창이다. 사람들은 가마솥더위가 물러설 기미를 조금도 보이지 않는다고 야단이지만 식물들은 후끈한 바람에 서려 있는 서늘한 기(氣)를 느끼고 벌써 가을준비를 서두르고 있다.

겨울에 거센 바람타고 들불 옮아 붙듯 칡이 번져서 산기슭은 온통 칡밭이다. 개울둑에는 두엄자리에 뿌리를 내린 한삼덩굴이 넝쿨을 세차게 뻗어서 보기만 해도 껄껄하다. 함초롬히 아침이슬을 머금은 개망초꽃이 진한 초록의 억센 한삼덩굴 앞에 새하얗게 피어서 한삼덩굴의 기세를 한결 누그러뜨린다.

계곡을 오를수록 자연이 연주하는 가락이 더 높아지고 멜로디도 더 다채로워진다. 도린곁[1)]에 오롯이[2)] 계시는 아버님을 위해 한바탕 벌이는 흥겨운 노래잔치다. 골짜기에 여울져 흐르는 시냇물과 온갖 곤충들이 재주껏 내는 소리가 뒤섞여서 콩케팥케[3)] 들리지만, 아무리 되풀이해도 질리기는커녕 즐겁게 들리는 대자연의 오페라다. 참매미는 떨림판을 울려서 소프라노로 "맴맴맴맴 맴—"하며 연주하고, 말매미는 바리톤으로 "쏴—르르르—"를 연거푸 토해낸다. 애매미는 알토로 "쑤와 쑤와—쑤 쑤쑤쑤—"하며 노랫말마다 절을 마감하고, 쓰름매미는 "쓰—름 쓰—름" 소리로 끊임없이 반주를 넣는다.

수년을 애벌레로 살다가 허물을 벗은 뒤 기껏 살아야 한 달뿐인

성충의 삶에서 잽싸게 짝을 만나야 후손을 둘 수 있는 매미의 심경은 몹시 절박하다. 떨림판 하나로 연가를 불러서 암컷의 마음도 사로잡고, 수컷을 모아 천적도 막고, 다른 수컷매미가 너무 가까이 오지 못하도록 경계도 해야 한다. 그러므로 공명이 잘 되도록 소리 내어 행복한 노래무대로 짧은 삶의 절정을 화려하게 수놓아야 한다. 그것도 모르고 초등학교시절에 곤충채집하려고 거미줄을 많이 걷어 호리호리한 장대 끝에 끈끈이를 만들어서, 우듬지에 줄지어 앉아 노래하는 매미를 잡던 일이 떠올라서 혼자 피식 웃는다.

한시 바삐 암컷을 만나야 하는 숙명은 여치도 마찬가지다. 조용히 지내다가는 때를 놓칠세라 작은 날개를 비벼서 암컷을 유혹하는 사랑의 노래를 연주한다. 풀숲에서 들려오는 여치소리에 고사리 손으로 밀짚이나 보릿짚으로 네모꼴의 집을 엮어 처마 끝에 걸어 놓던 일이 문득 생각난다. 뛰어난 솜씨로 바람도 잘 통하고 소리도 잘 들리도록 집을 만든 뒤에 여치와 풀잎을 넣고 열창(熱唱)하도록 요구하였으니, 참으로 어이없는 노릇이었다.

삭정이 끝에 잠자리가 사뿐히 내려앉는다. 무턱대고 잡는 재미로 앉아 있는 잠자리의 눈을 어지럽히려고 손가락을 빙글빙글 돌리며 살금살금 다가가던 짓이 떠오른다. 때로는 잠자리의 긴 배 끝을 서슴없이 두어마디 끊어내고 시집보낸답시고 남은 배에 밀짚이나 보릿짚을 밀어 넣고 날려 보냈으니, 얼마나 얼토당토않은 짓이었던고!

가만히 있어도 금세 옷이 땀에 흠뻑 젖어서 몸을 추스르기조차 힘들 만큼 덥다. 아버님 산소에 머무르며 아내와 커다란 잡풀만 뽑는다. 풀을 뽑는 동안, 아버님의 생전모습이 눈에 선하다. 거느린 여러 자식마다 훌륭하게 자라도록 뒷바라지하며 겪으셨을 숱한 사연과 우여곡절이 풀벌레 소리에 묻혀 들려온다. 오랫동안 뙤약볕을 쬐면 몸에 좋지 않아서 아버님께 달포 뒤에 더부룩한 잔디를 말끔히 다듬으러 오겠다고 여쭙고 산속으로 간다.

산은 생기가 넘친다. 우거진 나무마다 잎이 싱싱하다. 우아한 새 한 마리가 아름드리 느티나무로 날아든다. 벼슬아치처럼 머리에 황갈색의 털이 솟고, 배가 희고, 날개와 꼬리에 검은 줄이 뚜렷한 것으로 보아 틀림없이 후투티다. 뜻밖에 반가운 옛 벗을 만나는 순간, 어미가 잘 기르는 멀쩡한 박새 새끼를 잡아 부질없이 새장에 가두고 풀벌레를 잡아먹이다가 제대로 기르지도 못하고 중간에 죽인 일이 생각난다.

상수리나무가 빽빽한 숲길에 부는 바람이 시원하다. 어디선가 풍뎅이가 날아와서 땀내 물씬 풍기는 내 옷에 달라붙는다. 어려서 장난감 삼아 놀던 벌레다. 이 벌레의 딱딱한 딱지날개를 떼어내고, 종아리마디를 부러뜨리고, 머리를 서너 바퀴 비튼 뒤 마루에 뒤집어 놓으면 얇은 속 날개를 펴고 뱅뱅 돌았다. 우리는 여럿이 '누구 풍뎅이가 더 빨리, 더 오래 돌면서 바람을 잘 일으키는가?'를 곧잘 견주었다. "쓸어라 쓸어라, 마당 쓸어라, 일꾼들 들어온다, 싹싹 쓸어라."하고 노래도 부르고 손뼉을 치거나 손바닥으로 마루를 탁탁 쳐서 장단도 맞추었다. 그러다가 돌지 않으면 다시 머리를 비틀거나 몸을 건드린 뒤 입으로 후후 불면서 재미있게 놀았으니, 그야말로 모진 놀이었다.

어린 시절의 추억이 듬뿍 밴 풀숲·돌·냇물·벌레·새·나무를 다시 만나니까, 대자연에서 같은 또래와 뒹굴고·벌레 잡고·티 없이 놀던 일이 새록새록 생각난다. 우리는 자연을 대상으로 즐겁게 노는 것이 삶이요, 배움이요, 즐거움이요, 행복이었다. 요즘은 혼자 컴퓨터 게임하고, 학원 다니고, 개별지도 받고, 해외연수하면서 억눌린 마음으로 힘겹고 버겁게 지내는 어린이가 많다. 지금의 세태가 특출한 성적만 앞세우고 행복은 뒷전으로 밀어내고, 인터넷과 책을 통한 공부를 먼저 요구하고 자연을 통한 공부를 나중에 하도록 요구하기 때문이다. 어린이들이 넉넉하고 깨끗한 자연에서 즐겁게 놀면서 많이 보고·듣고·느끼며 자라도록 세태가 바뀌기를 바라며, 아내와 함께 때 묻지 않은 고향산길을 걸어간다. 어느 새 긴 여름해가 토끼꼬리 만큼 남아서 그림자가 길쭉하게 늘어난다.

1) 도린곁 : 인적이 드문 외진 곳.
2) 오롯이 : 고요하고 쓸쓸하게. 호젓하게.
3) 콩케팥케 : '뒤섞이어 뒤죽박죽으로 된 사물'을 이르는 말.
4) 우듬지 : 나무의 꼭대기 줄기.

한 해를 마무리하며

지구의 끊임없는 공전에 춘하추동이 있고, 자전에 밤낮의 구별이 있다. 그 안에 희로애락, 빈부귀천, 남녀노소, 선악미추 등의 구별이 담겨 있다. 지구가 태양을 백 바퀴 이상 돌도록 건강하게 살다 떠나면 천수를 다했다고 축복하고, 한 바퀴 맴돌 동안 즐거우면 하루가 행복한 것이 우리네 삶이다.

정월부터 시작한 이 해도 어느덧 마지막달인 섣달이다. 엊그제 두툼한 달력을 내걸었는데 벌써 다 떨어지고 달랑 한 장만 걸려 있어서 애잔하다. 세월은 쏜살같다더니 정말 빠르다. 도대체 세월이 무엇이기에 이리도 빠른가.

지구의 공전속도는 초당 29.8㎞다. 지구가 이 속도로 태양둘레를 한 바퀴 돌면 일 년이 가고, 우리는 한 살을 먹는다. 이것이 세월의 실체다. 세계 올림픽 양궁선수가 쏜 화살은 초속 65미터, M16 총알은 초속 990미터로 날아가므로 세월은 쏜살이나 총알보다 훨씬 더 빠르다. 지구덩치가 워낙 커서 현기증을 느끼지 않는 것이 그나마 다행이다. 적도둘레를 기준으로 지구는 초당 463미터의 속도로 자전한다. 지구가 한 바퀴 맴돌면 밤낮이 바뀐다. 이것이 하루의 원천이다.

지구의 끊임없는 공전에 춘하추동이 있고, 자전에 밤낮의 구별이 있다. 그 안에 희로애락, 빈부귀천, 남녀노소, 선악미추 등의 구별이 담겨 있다. 지구가 태양을 백 바퀴 이상 돌도록 건강하게 살다 떠나면 천수를 다했다고 축복하고, 한 바퀴 맴돌 동안 즐거우면 하루가 행복한 것이 우리네 삶이다.

세월은 본디 시작도, 끝도, 새로움도 없고 영원하다. 그런데 사람들이 슬기롭게 토막을 내서 시작과 끝을 만들었다. 인위적으로 새로움을 만들어서 진리를 깨닫고, 결실을 맺고, 보람을 얻는다. 상아탑에서 진리를 탐구하는 것은 새로움을 얻기 위함이다. 각고의 노력 끝에 진리를 터득하는 날, 기쁨과 보람을 한없이 느끼는 것은 바로 새로움을 얻었기 때문이다.

해가 진 뒤에 다시 솟아오르는 것은 지구의 자전운동에 의한 자연현상이다. 그렇지만 우리는 서쪽으로 진 뒤에 다시 동쪽에서 떠오르는 해를 새로운 마음가짐으로 바라본다. 내일 또는 새해 아침에 솟아오르는 태양에서 어제 또는 작년과 다른 빛을 느낀다. 그래서 날마다 또는 해마다 되풀이되는 해맞이에 담겨있는 뜻도 살리고, 새로운 힘도 용솟음치게 만든다.

지난 세월의 유산을 바탕으로 오늘을 사는 것이 우리의 숙명이다. 오늘날 우리가 누리고 있는 문화의식이나 물질문명의 원천은 앞에서 진리를 탐구한 분들이 남긴 위대한 업적이다. 앞 세대가 이룩한 연구결과를 이용해서 새로운 지식을 창출하거나 개선하는 것이 우리의 사명이요, 다음 세대에게 물려줄 유산이다. 유산은 덧없는 세월의 산물이 아니라 새로운 세월이 만든 창조물이다. 첨단문명은 새로움을 추구한 인류의 지식이 두텁게 쌓인 보물덩어리다. 사즉사(死卽死)가 아니라 사즉생(死卽生)에서 나온 결과물이다.

오늘의 죽음이 새로운 세대를 맞아들이듯 오늘의 해넘이는 새로운 해돋이를 기약한다. 금년은 그냥 지는 것이 아니라 새로운 내년을 열려고 저문다. 우리가 보낸 금년은 후대에 넘겨줘야 할 유산이므로 망년잔치를 벌여서 몽땅 잊으면 안 된다. 금년을 기억하고, 반성하고, 새로운 각오를 다짐하는 송년회로 기록되어야 한다.

급락에서 기인된 최악의 경기바닥이 급반등의 신호이듯 오늘 세계경제가 움츠러든 것은 내일 활개 치기 위한 앞 단계다. 세상을 살다 보면 누구나 실패와 성공의 갈림길에 맞닥뜨려진다. 실패의 쓴맛은 성공의 단맛을 기약하는 에너지다. 새해에도 우리대학이 비약적으로 발전해서 구성원 모두가 후배들에게 탄탄대로의 대학을 물려줄 각오를 다짐하면서 금년을 잘 마무리하기를 기대한다.

제2부 달리기의 묘미

달리기의 묘미

●●●

누구나 달릴 수 있지만 아무나 달릴 수 없는 어두컴컴한 산에 가득 담긴 숲의 향기는 꼭두새벽에 힘차게 달리는 사람만 차지하는 몫이다. 오밤중에 산길을 달리며 맛보는 묘미 중에 하나가 이 몫을 차지하는 짜릿한 맛이다. 그렇게 달리는 생활 속에 성인병을 물리치는 명약, 명상의 길로 들어서는 묘약 및 젊음을 오래도록 유지하는 불로초가 들어 있다.

좋든, 나쁘든, 몸에 밴 습관은 쉽사리 떨쳐버리지 못하기 마련이다. 1992년 7월 1일부터 지금껏 밤 10시 넘어 잠들면 으레 새벽 2시 안팎에 일어나 가파른 오르막은 걷고 완만한 경사지는 달린 뒤, 4시쯤부터 다시 두 시간 안팎 자면서 피로를 풀며 지내고 있으니까 꽤 오랜 기간 깊이 밴 습관이다. 오늘은 제6회 대전 3대 하천 마라톤대회에 참가하므로 동이 틀 때까지 잠들면 좋으련만 한밤중 2시에 깨어 하릴없이 뒹굴다가 여느 때처럼 주섬주섬 옷을 입고 밖으로 나간다. 밤이슬에 잔뜩 묻은 온갖 봄꽃 향기가 아파트단지에 가득하다. 꽃핀 모양이 튀긴 좁쌀을 붙인 것 같아서 애초에는 조밥이라고 일컫다가 지금은 조팝이라고 발음하는 나무가 며칠 전부터 꽃망울을 터뜨려서 향기가 몹시 진하게 풍긴다. 매초롬한 가지마다 산형꽃차례[1)]로 다닥다닥 뒤덮인 조팝나무 꽃이 가로등 아래에서도 쌀밥을 뿌린 듯 새하얗다.

산으로 올라가는 자드락길[2)] 옆 과수원의 배나무는 며칠 전부터 눈꽃을 흩뿌리며 떨어지고 있지만 아직 어둠을 하얗게 밝히고 있다. 열흘 전쯤 일꾼들이 하나하나 정받이[3)]를 해주던 나무들이다. 몇 해 전부터 세계적으로 꿀벌이 사라지는 재앙이 닥쳐서 많은 식물이 열매를 맺지 못해 동물의 먹이가 모자랄까 걱정이라는 소식을 신문에서 읽다가 사람이 수정시키는 현장을 보고는 섬뜩하였다. 어렵사리 맺은 열매들이 여름내 튼실하게 자라고 가을빛에 잘 익어서 많은 사람의 가슴이 흐뭇하기를 바라면서 높은 산으로 올라간다.

산등성을 가볍게 달리면서 연초록 냄새에 흠뻑 빠진다. 누구나 달릴 수 있지만 아무나 달릴 수 없는 어두컴컴한 산에 가득 담긴 숲의 향기는 꼭두새벽에 힘차게 달리는 사람만 차지하는 몫이다. 오밤중에 산길을 달리며 맛보는 묘미 중에 하나가 이 몫을 차지하는 짜릿한 맛이다. 그렇게 달리는 생활 속에 성인병을 물리치는 명약, 명상의 길로 들어서는 묘약 및 젊음을 오래도록 유지하는 불로초가 들어 있다. 이런 신비스러운 세상을 내팽개치고 어찌 이불속에서 새벽을 맞으랴!

아침을 방울토마토로 에우고[4)] 일찌감치 달리기대회가 열리는 엑스포 다리 아래 잔디광장으로 간다. 무르익은 봄 하늘이 수줍음을 타는 듯 곳곳에 흰 구름으로 너울[5)]을 드리운다. 여러 동호회 오두막[6)]

이 설치된 자리 중에서 가장 앞에 자리 잡은 한밭대 오두막집이 금세 눈에 들어온다. 이번 대회에는 총장님을 비롯하여 70여 명이 능력에 따라 각 종목에 참가를 신청하여 출발시간 1시간 전인데도 벌써 많은 교직원이 모였다. 왁자지껄 떠들면서 긴장도 풀고, 둥그렇게 둘러서서 스트레칭으로 몸도 푼다.

9시에 하프 종목에 신청한 1,300여명의 선수들이 먼저 출발소리에 따라 달려 나간다. 하프종목에 출전하여 60대 연령의 선수에게 주는 트로피와 상품을 거머쥐던 추억이 떠오르면서 세월의 덧없음을 느낀다. 세월은 빠를 뿐 아니라 몸과 마음을 크게 바꾼다는 것을 새삼 느낀다. 달리기는 몸이 말하는 대로 즐겁게 달려야 아무 탈이 없는 진실한 운동이다. 달리기 능력이 몹시 변덕스러운 요즘의 내 몸 상태로는 젊은이들과 10km 거리만 거뜬히 달려도 감지덕지(感之德之)다. 이 종목을 선택한 3,300여명의 선수와 함께 9시 10분에 출발한다. 10분 뒤에 출발할 5,300여명의 5km 선수들과 단상의 귀빈들이 잘 달리라고 큰 소리로 격려한다. 강가에 깔린 우레탄 길을 달리므로 선수들의 다리놀림만 부지런할 뿐 발소리는 전혀 없다.

엑스포다리부터 강변길을 따라 한밭대교까지 즐겁게 달려간다. 교직원들은 "회장님, 파이팅!"을, 나를 알아보는 젊은이들은 "한밭대, 파이팅!"을 외치며 나를 응원한다. 그럴 때마다 손짓으로 인사한다. 함께 자주 달리는 길벗은 물론 대회에서 처음 만난 낯선 길벗도 금세 마음을 트고 서로 격려하며 정을 주고받는 것도 마라톤에서 맛보는 독특한 묘미다.

나지막하게 놓인 다리를 건너면서 무심코 강물을 바라본다. 물이 살아 숨 쉰다. 물고기는 헤엄치고, 맑은 물에 비친 수많은 선수들은 힘차게 달린다. 몸의 상태를 알아보려고 3km지점을 지나면서 힘껏 내달린다. 다리 힘은 넉넉한데 늙어가는 낌새로 숨이 가쁘다. 심폐 기능 강화운동에 관심을 기울이라고 속삭인다.

반환점인 5km 지점부터 졸업한 제자를 포함한 몇 사람이 바짝 따라붙으며 묻는다. "날마다 한밤중에 달리는 무슨 특별한 까닭이 있어요?" "밤중에 산길이 무섭지 않아요?" "깜깜해도 길이 보여요?" "날마다 달리면 왜 각종 성인병과 암이 예방돼요?" 등이다.

몸소 겪으며 지내므로 쉽게 대답한다. "한밤에 무서움이 엄습할 때마다 '각종 성인병보다 더 무서운 것이 그 무엇이랴? 어둠이 왜 무서운가? 누구든 어두운 어머니 뱃속에서 생명을 얻고 자란다. 너무나 끔찍하거나 공포에 질리면 눈을 꼭 감는 현상은 뱃속시절로 돌아가서 자신을 보호하려는 본능 아니겠는가?' 등을 자문(自問)하면서 어둠의 공포에서 벗어났어요. 그랬더니 한밤에 혼자 산길을 달리면 한없이 평안한 명상의 세상이 펼쳐지더군요. 무서움을 타면 나무도 귀신으로 헛보여서 등골이 오싹하고, 무서움을 떨쳐내면 귀신도 나무로 보여서 아무렇지도 않아요." "어두울수록 정신을 더 집중해서 달려요. 잠시라도 한눈팔면 나둥그러져서 크게 다치거나 목숨까지 위태로울 수 있지요. 정신을 집중하면 별빛에도 길이 보이고, 무서워서 공포에 떨면 달빛에도 길이 보이지 않아요." "달리면 혈액순환이 잘 되고 몸바탕이 튼튼해서 각종 성인병을 걱정할 필요가 없지요. 암세포는 뜨거우면 맥을 못 춘다고 하므로 날마다 땀을 흠뻑 흘리면서 달리면 각종 암이 저절로 예방된다고 믿어요.”

두런두런 이야기하다보니 처음 떠났던 행사장이 멀리 보인다. 1km쯤 되는 거리나마 힘껏 달려서 결승선으로 바뀐 출발선을 되넘어간다. 몇 년 전 춘천마라톤대회에서 풀코스를 달릴 때 10km지점을 통과한 44분보다 8분이나 뒤쳐진 52분의 기록이지만 세월의 선물이므로 덤덤하게 받아들인다. 기록이야 어떻든 몹시 기쁘다. 달리는 도중에 아무리 힘든 고난이 닥치더라도 결승선을 넘어가며 맛보는 묘미에 이끌려서 끝까지 달린다. 흘러내리는 땀을 주체[7)]하지 못하면서도 대회본부에서 제공하는 묵, 막걸리, 두부김치를 양손에 가득 받아들고 한발대 오두막으로 간다.

한발대 마라톤 클럽에서 준비한 톱톱하고 구수한 밤 막걸리, 한입 덥석 물 때 떡에서 바람이 나온다는 바람 떡, 쫄깃쫄깃한 인절미, 갓 삶아낸 돈육과 싱싱한 푸성귀들이 입맛을 돋운다. 이번 대회에서 직접 5km 종목을 달린 총장님의 적극적 후원, 달리기 뒤풀이 음식을 먹음직스럽게 준비한 한발대 마라톤 클럽 임원들의 정성, 많은 교직원이 기꺼이 동참한 협동심이 어우러져서 잔치분위기가 무르익는다. 준비한 음식을 이웃 오두막집마다 조금씩 돌리니 한발대의 넉넉한 인심이 멀리 퍼져나간다. 새싹이 파릇파릇 돋은 싱싱한 잔디밭에 앉아서 도타운 인정을 나누니까 세상 살아가는 맛이 꿀맛이다.

1) 산형꽃차례 : 무한 꽃차례의 한 가지. 꽃대의 끝에 꽃자루가 방사상(放射狀)으로 나와, 그 끝에 꽃이 하나씩 피는 꽃차례. 산형화서(繖形花序).

2) 자드락길 : 나지막한 산기슭의 경사진 땅에 있는 좁은 길.

3) 정받이 : 암수의 생식세포가 새로운 개체(個體)를 이루기 위해 하나로 합쳐지는 일.

4) 에우다 : 다른 음식으로 끼니를 때다.

5) 너울 : 지난날, 여자가 나들이할 때 얼굴을 가리기 위하여 머리에서 길게 내려쓰던 가리개. [얇은 검정 깁으로 만들었음]

6) 오두막 : 사람이 겨우 거처할 정도로 작게 지은 막. 부스(booth).

7) 주체 : [주로 '못하다' · '없다'와 함께 쓰이어] 짐스럽고 귀찮은 일을 겪어내거나 처리함, 또는 그러한 물건(일).

즐거운 달리기 세상

●●●

이 세상에 태어나서 지구가 태양 둘레를 예순네 바퀴 돌도록 살고 있는 숫자상의 나이는 주민등록증에만 올려놓고 늘 젊은 마음으로 달리니까 몸도 젊다. 하루 중 달리는 시간이 가장 즐겁다. 즐거우니까 달리고, 달리니까 즐겁다. 이것이 즐거운 달리기 세상이다.

여느 때와 마찬가지로 이른 새벽에 두 시간 동안 걷고 달리면서 운동하려고 두 시에 집을 나선다. 혼인식장에 들어오는 신부가 면사포로 얼굴을 가리듯 오늘 입동 날 자욱하게 낀 새벽안개가 산과 들을 가린다. 강원도 산악지역의 최저기온이 영하로 곤두박질쳐서 살얼음 잡힌 곳이 많다고 보도하던 며칠 전에 새벽운동 길에서 맞닥뜨린 공기는 몹시 싸늘하였다. 검불로 바뀐 푸나무서리[1)]에 난 오솔길을 달리는 동안 무릎 언저리는 붉은 단풍잎보다 더 검붉은 다목다리[2)]로 바뀌고 엷은 장갑을 뚫고 들어오는 찬바람에 손가락이 곱을[3)]만큼 초겨울 추위가 꽤 매웠다. 그날 무서리[4)]가 내려서 따듯한 가을볕에 파릇파릇 올라오던 새순이 모조리 숨죽고[5)] 아파트단지에서 애잔하게 울던 귀뚜라미 소리마저 완전히 멎었다.

정작 겨울문턱을 들어서는 오늘은 늦은 봄날처럼 안개가 짙고 포근하다. 환절기 날씨는 변덕을 부리기 일쑤지만 앞으로 겨울이 깊어지면서 이따금 동장군이 불호령을 내릴 것이다. 아직 맹추위가 닥치지 않았는데도 감기로 몸살을 앓는 사람들이 주변에 꽤 많다. 사람마다 체질과 환경이 다르므로 경험과 선택에 따라 겨울감기 예방법도 각양각색일 것이다. 독감 예방주사를 맞든, 두꺼운 옷을 여러 벌 겹쳐 입고 따듯한 아랫목을 파고들든, 냉수욕 또는 냉수마찰로 몸을 다질 수도 있다. 나는 날마다 꼭두새벽에 짧은 옷만 입고 산길을 달리는 원시적 방법으로 감기를 물리친다. 몸은 고달프지만 앓는 대신 겪는 고달픔이라 아무리 고달파도 끙끙 앓는 고통보다 달콤하다.

뚱뚱한 몸매로 1992년 7월 1일 새벽 2시에 맨 처음 운동하러 나서던 날, '성인병에 걸린 셈치고 이제부터 날마다 운동하자.'고 다짐한 것이 엊그제 같다. 그날, 원시시대 사람들은 먼 거리를 남보다 먼저 달려가야 식물의 씨앗도 채취하고 동물도 사냥해서 먹거리를 장만하였으니 '오늘부터 새벽에 달리지 않은 날은 하루 종일 굶자!'고 결심하였다. 그 뒤 굶을 날이 없을 만큼 늘 몸닦달하고 있는 내가 놀랍다. 겉보기만 듬쑥할 뿐 성인병의 위험한 고비에 놓인 뚱뚱한 몸매를 튼튼하게 바꿀 기회로 삼아서 병원문턱을 넘을 필요가 없게끔 화려하게 탈바꿈시켰으니 얼마나 놀라운가!

초저녁에 시작한 점잖은 술자리가 다모토릿집[6]으로 바뀌며 밤이 이슥하도록 마신 날에도 고혈압, 당뇨병, 뇌졸중 따위의 성인병이 눈에 아른거려서 기어이 달린 뒤에야 잠을 이룬다. "한밤중이라 무섭거나 귀찮지 않습니까?”하고 묻는 사람도 있지만 그것은 여유 있는 사람이나 가질 수 있는 두려움이요, 게으름이다. 뚱뚱한 몸매에 뇌졸중이 눈에 아른거린 내가 자신의 삶을 송두리째 무너뜨리고, 가정 경제를 결딴내고, 국가적 손실을 끼치는 성인병보다 더 무서워할 것이 무엇이 있었겠는가! 흔히 성인병에 걸린 뒤에야 “약을 먹는다. 대수술한다.”하면서 건강을 되찾으려고 안간힘을 쏟는데 일단 걸려들면 아무리 용을 써도 원상태로 회복하지 못하는 것이 몹쓸 성인병이요, 더욱 안타까운 것은 삶의 의욕마저 거둬간다는 점이다. 행복한 삶을 빼앗아가는 성인병에 걸리면 부귀영화, 천하일색, 진수성찬, 금은보화, 고관대작 따위를 모두 거머쥔들 무슨 소용이 있으랴.

오랜 기간 새벽마다 달리므로 나보고 지독한 사람이라고 말하는 사람도 있다. 사실 나는 성인병이 두려워서 달리는 겁쟁이다. 초우량의 비만을 정상으로 바꾼 뒤에도 날마다 달리는 것은 몸과 정신에 ‘젊음의 패기와 향기’가 감돌기 때문이다. “꼭두새벽마다 산등성 길을 달리니까 유별나지요.”하고 핀잔주는 사람도 있다. 그러나 중풍으로 시달리는 사람에게 물어 보라. “지금부터 100일 동안 날씨가 좋든, 궂든, 새벽마다 두 시간 동안 뼛속 힘이 밭아지도록 힘껏 걷거나 달리면 귀하의 병이 깨끗이 낫는 기적이 생깁니다. 실천하겠소?” “그걸 말이라고 해! 나는 100일의 열 배인 1,000일이라도 빠짐없이 실천할 테니 제발 낫게 해주오.”하고 말한다면 그것이 ‘핀잔’에 대한 답이다.

한여름에 가로등 불빛에 속아서 밤중에 노래하는 매미처럼, 포근한 가을볕에 속아서 아파트단지마다 빨간 장미꽃이 흐드러지게 피어서 때 아닌 꽃 잔치가 벌어진다. 그러나 봄의 싱싱한 초록과 개구리 소리가 사라져서 꽃다운 아우라(aura)[7]가 전혀 풍기지 않는다. 사람 발길도 끊기고 요란스럽게 울던 풀벌레 소리마저 멎은 꼭두새벽인데다 앙상한 가지를 드러낸 여년묵은[8] 나무가 여러 그루 보이니까 몹시 괴괴하다[9].

산등성에 올라서면서 이내 짙은 안개를 뚫으며 내달린다. 나뭇잎 밟히는 소리가 고즈넉한[10] 정적을 깬다. 발을 디딜 때마다 수북이 쌓인 낙엽이 사각거려서 쓸쓸한 마음을 달래고 빈 가슴을 채운다. 누구나 달릴 수 있지만 아무나 달릴 수 없는 꼭두새벽에 높은 산길을 달리면서 쾌감도 느끼고 건강도 챙기는 일거양득은 달리는 사람만 누릴 수 있는 행복이요, 열매다.

이 세상에 태어나서 지구가 태양 둘레를 예순네 바퀴 돌도록 살고 있는 숫자상의 나이는 주민등록증에만 올려놓고 늘 젊은 마음으로 달리니까 몸도 젊다. 하루 중 달리는 시간이 가장 즐겁다. 즐거우니까 달리고, 달리니까 즐겁다. 이것이 즐거운 달리기 세상이다.

웅덩이에서만 살다 죽는 물고기는 뭍에서 웅덩이를 볼 수 없으므로 웅덩이의 생김새를 알 수 없다. 풀잎을 갉아먹으며 풀에서만 기다가 죽는 풀벌레는 풀을 떠나지 못하므로 자신이 살아가는 숲의 생김새를 영영 알지 못한다. 동틀 무렵까지 이불 속에서만 뒹굴다가 흙으로 돌아가는 사람은 새벽운동의 값진 세상을 알 턱이 없다. 그것은 달리는 사람만이 거머쥐도록 신이 감춰놓은 보물이기 때문이다. 그러므로 남들이 모두 편안하게 잠든 꼭두새벽에 혼자 산길을 달리지만 귀찮거나 고달픈 애로는 없고 오히려 끝없이 즐겁다.

1) 푸나무서리 : 풀과 나무가 우거진 사이.
2) 다목다리 : 냉기로 말미암아 살빛이 검붉게 된 다리.
3) 곱다 : 추위 때문에 손가락이나 발가락이 차서 잘 움직여지지 아니하다.
4) 무서리 : [그 해의 가을 들어] 처음 내리는 묽은 서리.
5) 숨죽다 : (풀이나 나무 따위가) 시들어서 생기를 잃다.
6) 다모토릿집 : 소주를 큰 잔에다 파는 선술집.
7) 아우라(aura) : (꽃 따위에서 나는) 냄새, 향기.
8) 여년묵다 : 여러 해 묵다.
9) 괴괴하다 : 쓸쓸할 정도로 아주 고요하고 잠잠하다.
10) 고즈넉하다 : 잠잠하고 호젓하다.

세월

●●●

인생은 자동차, 비행기, 선박 등을 타고 날마다 이곳저곳 옮겨 다니는 여행과 꼭 같다. 무섭게 빨리 달리는 별을 타고 여행하는 길이 우리네가 살아가는 길이다. 그러므로 튼튼한 가운데 즐거운 마음으로 여럿이 다정하게 지내며 살아가는 것이 우리가 누릴 수 있는 행복한 삶이다.

대학동료교직원과 달포 전에 제9회 대전마라톤대회에 참가하기로 약속할 때만 해도 까마득하게 남았다고 여기고 참가를 신청하였다. 세월만큼 빠른 것이 없다더니 그 대회가 하마 오늘이다. 8시 30분에 42.195㎞풀코스를 필두로 10분 간격으로 21.0975㎞하프코스, 10㎞미니코스, 5㎞건강코스 선수들이 출발할 예정이므로 시간에 늦지 않도록 서둘러서 집을 나선다. 아침 8시에 대회장소인 둔산대공원에 도착한다. 드넓은 광장에는 벌써 많은 사람들이 북적거린다. 이번에 참가하는 대부분의 교직원은 마라톤대회에 처음 출전하므로 5㎞건강코스에 다 함께 등록해서 즐겁게 달리자는 제안에 따라 참가번호 10058번을 달고 출발선으로 나선다.

9월이라 해봤자 노루꼬리밖에 남지 않아서 분명 가을이지만, 금년에는 여름이 유난히 길어서 아직 한낮 무더위가 장난이 아니다. 아래위에 짧은 옷만 달랑 걸쳐도 살갗을 스치는 바람이 시원하게 느껴질 만큼 날씨가 덥다. 햇살을 가린 두터운 구름이 고맙기 짝이 없다.

출발선을 떠나자 곧 엑스포 다리가 달려가는 선수들을 몽땅 무동태운다.[1] 다리가 태워주는 무동이 호사스러워서 도란도란 지껄이며 달리는 사람마다 발걸음이 가볍다. 다리를 건너니까 코스모스가 머리마다 꽃을 리본으로 달고 선수들에게 야살을 떨며 반갑게 손짓하는 모양새가 영락없는 살살이꽃이다.

천천히 2㎞까지 함께 달려가다가 남은 거리는 몸도 풀 겸 능력껏 달리자고 누구인가가 소리쳐서 신명나게 내달린다. 뱃살이 출렁거리도록 달리니까 십년 묵은 체증이 확 가실 만큼 통쾌하다. 역시 마라톤은 먼 거리를 힘차게 달리면서 뼛속에 깃든 힘까지 모두 밭아야[2] 제 맛이 우러나는 운동이다. 그러나 아무리 빨리 달려도 세월의 속도에는 어림도 없다고 생각하니 자연 앞에서 미약하기 짝이 없는 존재임이 속절없이 드러난다.

그렇다면 세월은 얼마나 빠를까? 우리는 흔히 세월이 변하지 않거나 매우 느리다고 여겨서 '세월이 좀먹느냐?'고 하거나 '강태공이 세월 낚듯 한다.'고 말한다. 한편 흐르는 여울물, 쏜살 또는 총알에 비유해서 몹시 빠르다고 말할 때도 많다. 마라톤대회에서 달리면서 '빨리 날아가거나 달려가는 몇 가지 물체의 속도를 떠올리며 과연 세월은 얼마나 빠를까?'를 생각해본다.

빛의 속도는 초당 30만㎞정도고, 소리의 속도는 초당 340m정도다. 옛날에는 끊임없이 흐르는 물을 생각해서 '세월은 유수(流水)와 같다.'고 생각했고, 전쟁이나 사냥할 때 화살이 매우 빨리 날아갔으므로 '세월은 쏜살같다.'고 말했다. 그렇다면 화살은 얼마나 빠를까? 올림픽에 출전하는 남자 양궁선수가 쏜 화살의 최고속도가 시속 2백35㎞ 정도라니까 초당 65미터를 날아가는 셈이다. 요즘 '세월은 총알 같다.'고 심심찮게 말하는데 K-2소총의 총알은 초당 944미터를 날아간다고 한다. 시속 100㎞로 달리는 고속버스는 초당 28미터, 시속 1,000㎞로 날아가는 국제선 비행기는 초당 277미터를 이동하는 셈이다. 국제마라톤대회에서 어떤 선수가 풀코스를 2시간에 달려서 신기록을 수립한다면 초당 5.8미터를 달린 셈이고, 내가 쉰일곱 살에 춘천마라톤대회에서 3시간 16분에 완주한 기록은 초당 3.6미터를 달린 셈이다. 이들 속도를 우리가 살고 있는 지구가 움직이는 속도와 견주어본다.

지구는 적도를 기준으로 매초 463미터의 속도로 자전하고, 태양과 지구 사이의 평균거리를 기준으로 지구는 초당 29.8㎞의 속도로 공전한다. 지구가 한 바퀴 맴돌면 밤낮이 바뀐다. 이것이 하루의 원천이다. 지구가 태양둘레를 한 바퀴 돌면 일 년이 흘러가고 우리는 한 살을 먹는다. 이것이 세월의 실체다. 이처럼 세월의 속도는 우리가 흔히 말하는 쏜살이나 총알보다 훨씬 더 빠르다. 어마어마하게 빠른 속도로 자전과 공전하는 별에 살지만 지구덩치가 워낙 커서 현기증을 느끼지 않는 것이 그나마 다행이다.

지구의 자전 안에 밤낮이 들어 있고, 공전 안에 봄·여름·가을·겨울이 담겨 있다. 자전과 공전하는 가운데 삶과 죽음이 이뤄지고, 살아가는 동안 기쁨·노여움·슬픔·즐거움을 느낀다. 지구가 한 바퀴 맴돌 동안 즐거우면 하루가 행복하고, 태양을 백 바퀴 이상 돌도록 튼튼하게 살다 죽으면 천수를 다했다고 축복하는 것이 우리네 삶이다.

우리는 정다운 사람들과 비행기나 자동차를 타고 여행할 때 즐겁도록 서로 협조하고 아름다운 추억으로 수놓아지도록 애쓴다. 걸핏하면 싸움하는 악도리[3)]나 이해관계를 앞세워 툭하면 시비조로 딴죽을 거는 감돌이[4)]나, 시름시름 앓는 환자나, 여관방에 혼자 틀어박혀 빈둥거리는 베돌이[5)]로 여행을 그르치고 싶은 사람은 아무도 없다.

우리는 끊임없이 달려가는 지구를 타고 옆 사람과 더불어 지내는 숙명을 안고 태어났다. 인생은 자동차, 비행기, 선박 등을 타고 날마다 이곳저곳 옮겨 다니는 여행과 꼭 같다. 무섭게 빨리 달리는 별을 타고 여행하는 길이 우리네가 살아가는 길이다. 그러므로 튼튼한 가운데 즐거운 마음으로 여럿이 다정하게 지내며 살아가는 것이 우리가 누릴 수 있는 행복한 삶이다.

빠른 세월을 곰곰이 생각하며 달리다보니 어느덧 결승선이다. 다른 동료선수보다 일찍 도착하였으므로 대전체육회에서 마련한 음식을 우리대학 참가선수들의 쉼터로 푸짐하게 나른다. 남보다 먼저 결승선을 넘은 뒤에 뒤따라 들어오는 동료를 격려하거나 먹을거리를 준비하고 기다리는 것도 마라톤대회에서 맛볼 수 있는 독특한 즐거움이다. 풀코스를 처음 달린 뒤에 대부분의 선수들은 “아이고, 풀코스, 도대체 누가 만든 거야! 다시는 안 뛸 거야!"하며 고개를 절레절레 흔들기 일쑤다. 그러나 오늘 5킬로미터 코스를 마라톤대회에서 처음 달린 한 선수가, "힘껏 달렸더니 기분이 좋아서 다음 대회에는 더 먼 거리를 신청해서 달리자!"고 큰소리치는 바람에 웃음보가 터진다.

오랜 세월 달린 마라토너로서 마라톤이 건강에 좋은 점을 동료들에게 역설한다. 바람직한 건강이란 몸을 마음대로 부릴 수 있는 가장 좋은 상태를 말한다. 그런 상태를 만들고 유지하려면 즐거운 마음으로, 날마다, 규칙적으로, 몸에 알맞게 달려야 한다. 달리기는 사람의 본능이므로 누구나 달릴 수 있지만 아무나, 즐거운 마음으로, 날마다, 달리지는 못한다. 과욕으로 인한 무리는 몸을 망가뜨리는 지름길이므로 절대 금물이다. 42.195㎞를 달려가는 마라톤에는 인생이 들어 있다. 사람마다 특색 있는 삶이 이어지듯 코스와 때와 컨디션에 따라 각기 색다른 느낌으로 마라톤에 들어 있는 인생을 읽는 것이 마라톤의 묘미다.

세월 가는 줄 모르고 노닥이며 한 판 벌이는 잔치마당으로 구름을 젖히고 빠끔하게 틈바구니를 만든 가을햇살이 뒤늦게 헐레벌떡 달려 나온다.

1) 무동태우다 : 남을 자신의 어깨 위에 올려 걸터앉히다.
2) 밭다 : 건더기가 섞인 액체를 체 따위에 부어서 국물만 받아내다.
3) 악도리 : 악을 쓰며 모질게 덤비기를 잘하는 사람.
4) 감돌이 : 사소한 이끗을 탐내어 덤벼드는 사람을 얕잡아 이르는 말.
5) 베돌이 : 어떤 일에나 한데 어울리지 않고 따로 베도는 사람.

매초마다 증발되는 생명

●●●

물 안으로 들어가려다가 소박맞은 햇빛은 눈시울을 반짝이며 물결 언저리에서 멈칫거리고 있는데, 능갈맞게도 물결은 쾌속정의 엉덩이를 리드미컬하게 어루만지고 쓰다듬는다. 물결에게 엉덩짝을 내맡긴 채 잠자코 있던 쾌속정이 갑자기 "부웅!"하면서 몸을 떨더니, 뽀얀 물거품을 함빡 싸지르면서 부끄러운 듯 멀찌감치 내달린다.

해마다 시월 하순에 열리는 조선일보 춘천마라톤대회에 올해도 참가하여, 한밭대학교 마라톤클럽 회원과 가볍게 준비운동하고 뿔뿔이 흩어져서 각자에게 지정된 무리 속으로 들어간다. 스물다섯 명의 회원이 2만 4천여 명의 참가선수 속에 들어가서 섞이니까, 굴(窟)우물[1)]에 부은 한 잔의 물처럼 아무 표도 나지 않는다.

내리 세 해째 춘천종합경기장의 출발선에 서는데, 설 때마다 참가선수 숫자가 부쩍 불어난다. 높낮이가 잘 어우러진 노랫소리는 여러 번 들어도 듣기 좋은 것처럼, 춘천마라톤코스는 오르내리막이 적절하게 펼쳐져서 같은 코스를 여러 번 달려도 싫증이 나지 않는다. 풀코스를 서른 번 이상 완주하였으니 미립이 나서[2)] 자신감을 가질 만도 하건만, 달릴 때마다 일백오 리 길에 지레 주눅이 들어서 '끝까지 달릴 수 있을까?'하면서 걱정이 태산이다. 그러면서도 해마다 꼬박꼬박 참가하니, 무슨 영문인지 도무지 모르겠다.

물꼬를 트면 논배미에 가둔 물이 스르르 빠져나가듯, 출발소리가 울리면서 선수들이 그룹순서로 달려 나가기 시작한다. 참가번호 1460을 가슴에 달고 B그룹에서 "조심! 조심!"을 함께 외치며 종합경기장의 좁은 출구를 벗어난다. 코스에서 가장 먼저 닥치는 오르막을 달리니까, 몸이 이내 풀리면서 땀이 솟기 시작한다. 고개턱을 넘으니, 내리막길인데다가 바람이 서늘하게 불어서 기분이 상쾌하다.

의암댐 다리 난간동자에 깃대를 묶어 맨 조선일보사 깃발이 바람에 펄럭이면서 응원한다. 한동안 달려가다가 무심결에 호수를 바라보니, 물결에 산산이 부서진 햇빛에 눈이 부시다. 물 안으로 들어가려다가 소박맞은 햇빛은 눈시울을 반짝이며 물결 언저리에서 멈칫거리고 있는데, 능갈맞게도[3] 물결은 쾌속정의 엉덩이를 리드미컬하게 어루만지고 쓰다듬는다. 물결에게 엉덩짝을 내맡긴 채 잠자코 있던 쾌속정이 갑자기 "부웅!"하면서 몸을 떨더니, 뽀얀 물거품을 함빡 싸지르면서 부끄러운 듯 멀찌감치 내달린다. 마라톤 코스를 따라 하늘길을 달리는 헬리콥터가 쾌속정이 내뿜은 거품을 내려다보다가 덩달아 뜨거워졌는지 소리를 거칠게 내지른다. 그 소리에 호수로 발을 뻗은 산골짜기들이 크게 울리는 바람에 달리는 내 가슴도 떨린다.

황갈색으로 물든 붕어섬을 오른쪽에 두고 10㎞지점에 마련된 매트를 밟는다. 오른쪽 꽃밭에 핀 가을꽃과 왼쪽 산자락에 터 잡은 푸나무에서 가을이 무르익고 있다. 19㎞지점에서 아낙네들이 정갈하게 옷을 차려입고 채상모를 쓴 얼굴에 함박웃음을 머금고 꽹과리, 징, 북, 장구로 판굿[4]을 벌이며 응원한다. 풍물소리에 신바람이 나서 새 힘이 솟고, 길옆에 핀 들국화도 어깻바람이 나서 향긋한 냄새를 물씬 풍긴다. 달리는 몸에 국향을 흠뻑 적시고 서상초등학교를 지나니까, 은행나무들이 나뭇잎을 흩날리면서 달리는 선수들을 환영한다. 우수수 흩날리는 노란 잎 속에 지나간 상념(想念)이 오간다. 가을이 주는 사랑의 편지로 여기고 책갈피에 끼우던 사춘기 시절이 생각난다.

서상2교를 건너면서 오르막길을 달려서 춘천댐에 이르니, 오색영롱한 산을 병풍으로 두른 호수가 파란 하늘과 아름다운 가을 경치를 꾸미고 기다린다. 물과 하늘이 어울린 알롱달롱한 경관을 곁눈질하며 내처 달린다. 30㎞지점에 이르러서 시계를 보니 2시간 20분이다. 달리기 힘든 오르막코스는 끝났지만, 작년부터 남은 코스에서 혹독하게 시련을 겪는지라 마음이 졸여진다. 33㎞지점을 지나면서 힘이 바닥났는지 무릎언저리가 시큰거린다. 이제부터 체력이 달리면[5] 정신력으로 달려야한다. 호된 고통을 치를수록 결승선을 넘는 기쁨은 더 클지니 힘내어 달려가자! 그러나 이쯤에서 정신력에서 우러나던 체력은 간 데 없고, 점점 더 시르죽은[6] 몸으로 달린다. 한구석에서 '미련스럽게 달리다가 몸 버릴라. 튼튼한 몸 만들려고 달리는 마라톤, 무리하지 말자.'는 생각이 슬슬 일면서 꾀바리[7]가 되어간다.

35㎞지점에서 도우미 학생들이 "아저씨, 히~임!"하면서 느릿느릿

달리는 나를 향해 주먹을 쥐고 응원하지만, 내게는 '쇠귀에 경 읽기'가 된다. 앞질러가는 선수들을 보면서 곰곰이 생각한다. 달리는 세상에서는 돈·명예·잘난 얼굴·좋은 머리·욕심은 쓸모없고, 일백오 리를 달릴 수 있는 튼튼한 몸, 강인한 정신력 및 즐거운 마음만 필요하다. 인생길이라 하여 무엇이 다르랴! 한걸음 내딛을 때마다 달려야할 일백오 리 길이 짧아지는 것처럼, 1초가 흐를 때마다 살아갈 백년의 생명이 증발된다. 짧아지든 증발되든, 주어진 길이가 줄어들기는 마찬가지다. 마라톤코스를 달리다가 힘에 부친다고 시간 아까운 줄 모르고 걷는 사람이, 보이지 않는 인생길에서 간난고초(艱難苦楚)에 부딪칠 때는 시간을 헛되이 증발시키지 않는다고 어찌 말할 수 있겠는가!

40㎞지점부터 맥이 완전히 풀려서 팔을 올리는 것조차 힘들지만 남은 힘을 쥐어짜며 달린다. 응원하는 박수소리를 들으면서 결승선을 넘는다. 멀쩡하던 아내가 고개를 잘 가누지 못하고 우거지상[8)]을 지으며 다가온다. 손 전화에 뜬 20㎞와 30㎞지점의 기록을 보고 결승선에서 이제나저제나 기다리다가 목에 근육통이 왔단다. '내가 미쳐도 단단히 미쳤지, 일요일에 춘천까지 와서 아내에게 병까지 안겨주었으니. 아니지, 불광불급(不狂不及)이란 말처럼 미치지 않으면 아무것도 이룰 수 없지 않은가! 제대로 살고 있는 셈이지.' 자문자답(自問自答)하면서 스스로 위로한다.

달리면서 떠오른 '달려야할 마라톤코스와 살아갈 생명'에 관해 골똘히 생각하면서, 옷 갈아입을 사이도 없이 먼저 들어온 회원과 더

불어 결승선에서 뒤늦게 들어오는 회원을 맞이한다. '자신과의 싸움'에서 승리자가 되어 돌아오는 회원마다 몰아쉬는 숨소리가 자랑스럽다. 길벗끼리 오가는 땀의 열기에 일백오 리 길에서 쌓인 피로가 봄눈 녹듯 스러진다.

1) 굴우물(窟-) : 한없이 깊은 물.
2) 미립이 나다 : 경험으로부터 얻은 묘한 이치가 생기다.
3) 능갈맞다 : 얄밉도록 몹시 능청스럽다.
4) 판굿 : 마을의 넓은 뜰에서 구경꾼을 위하여 하는 걸립패의 굿.
5) 달리다 : 힘에 부치다. 재주가 미치지 못하다.
6) 시르죽다 : 맥이 쑥 풀리거나 풀이 죽다.
7) 꾀바리 : 어려움을 잘 모면하는 약은꾀가 많은 사람.
8) 우거지상 : '잔뜩 찌푸린 얼굴 모양'을 속되게 이르는 말.

묘미에 홀려서 달리는 마라톤

●●●

어긋남과 흐트러짐이 없는 짜임새다. 흐트러짐 없는 어울림의 풍경이 아름답다. '그래, 이것이 바로 저마다 다른 낱낱이 모여 이루는 어울림이구나. 사람도 제각각이지만 이렇게 어울려서 아름답게 사는 것이구나. 개성이 독특하면서도 어울림에 어긋남이나 흐트러짐이 없이 지내고 있구나.'하고 생각한다.

제3회 대전CBS 국제하프마라톤대회에 참가해서 달리는 날이라 눈 뜨자마자 가장 궁금한 것이 날씨다. 나이가 지긋해질수록 나이를 잊고 달리겠다고 다짐하지만 마라톤대회에 참가하는 날은 날씨에 더 민감해진다. 밖으로 나오니 구름과 안개가 엷어서 마음이 가볍다.

마라톤대회에서 달리기 전에 몸을 풀려고 일찌감치 산에 오른다. 그 동안 떠날 줄 모르고 마냥 눌러 앉아서 이따금 심술부리던 꽃샘추위가 완전히 물러가서 꽃망울이 한창 터지기 시작한다. 화려한 벚꽃, 실바람이 살짝 스쳐도 온몸을 한들거리는 노란 유채, 연분홍 빛깔로 골짜기를 밝게 수놓은 진달래 등이 반갑게 다가선다.

나무들이 빼곡히 들어선 숲길을 오른다. 오래 묵은 온갖 나무 사이의 빈자리를 갓 자라는 나무와 풀이 메워서 산은 꽉 차 있다. 밑동부터 우듬지까지 곧게 자란 참나무, 오랜 세월을 짊어져서 꾸불꾸불 굽은 소나무, 이내 골짜기를 꽃향기로 뒤덮을 아카시아, 팔을 내뻗은 밤나무, 작달막한 키의 진달래와 아직 묵은 갈잎을 두른 굴참나무 등이 저마다 독특한 자태를 뽐낸다. 달리다가 산꼭대기에 머무르면서 모든 나무가 어우러진 숲을 본다. 어긋남과 흐트러짐이 없는 짜임새다. 흐트러짐 없는 어울림의 풍경이 아름답다. '그래, 이것이 바로 저마다 다른 낱낱이 모여 이루는 어울림이구나. 사람도 제각각이지만 이렇게 어울려서 아름답게 사는 것이구나. 개성이 독특하면서도 어울림에 어긋남이나 흐트러짐이 없이 지내고 있구나.'하고 생각한다.

마라톤대회가 열리는 대전한밭종합운동장에서 참가번호 6009를 가슴에 달고 맨 앞에 선다. 앞의 두 자리인 60이 가리키는 60대 연령이므로 마라톤대회에서 분류하는 연령 중 가장 꼭대기 연령층이다. 나무도 꼭대기에 이를수록 같은 높이의 나뭇잎이 적어지듯 마라톤대회에서도 60대는 참가선수 숫자가 급격히 줄어든다. 나무도 꼭대기는 방패막이가 없어서 바람을 많이 받아 떠는 것처럼 마라톤도 나이가 많을수록 몸이 영향을 많이 받으므로 출발선에 서면 더 긴장되고 가슴이 떨린다.

예정대로 10시에 출발선을 떠난다. 운동장트랙을 돌아 부사동 4거리에서 대전고등학교 5거리 쪽으로 달려간다. 길가에 많은 시민들이 가던 길을 멈추고 박수치며 응원한다. 손을 흔들어 답례하고 그대로 내달려서 대전고등학교 담벼락을 지난다. 담벼락보다 훨씬 큰 벚나무들이 활짝 핀 벚꽃을 살랑살랑 흔들며 응원한다. 한꺼번에 화려한 꽃을 터뜨렸으므로 명지바람에 꽃눈을 흩뿌려준다. 다시 부사동 4거리를 지나 반환점인 남대전 나들목 쪽으로 달린다. 무탈하게 잘 달리면서도 좋은 기록을 바라며 자동차가 없는 빈 거리를 달린다. 기록을 좋게 하려면 무리해서라도 빨리 달려야 하고, 무탈하려면 몸에 알맞게 천천히 달려야 한다. 세상살이에는 이처럼 정반대가 심심찮게 함께 존재해서 살아가는 재미도 있고 때로는 시비의 빌미도 된다. 따라서 어느 쪽으로도 치우치지 않는 중도(中道)[1]를 걸어야 하는데 그것이 매우 어렵다. 진실한 중도는 기계의 윤활유 같아서 이를 잘 골라 쓴다면 마찰이 없어서 세상살이가 매끄럽게 잘 굴러갈 것이다.

엷은 안개와 구름이 해를 가렸지만 후텁지근해서 땀이 주룩 흐른다. 구경하는 사람은 달리는 사람의 튼튼한 몸이 부럽겠지만 달리는 나는 구경하는 사람의 편한 몸이 부럽다. 이를 악물고 마음을 다그친다. '마음아, 네가 몸에게 편하라고 유혹하느냐? 몸아, 속지 마라. 42.195㎞도 거뜬히 달렸는데 하프코스쯤이야 끝까지 못 달리랴! 기록이야 어떻든 끝까지 달리자.'

남대전 나들목 삼거리부터 오르막이다. 새벽마다 산길을 달리는 마라토너답게 거침없이 달린다. 앞에서 달리던 숱한 사람들이 뒤떨어진다. 선두그룹을 이룬 선수들이 반환점을 돌고 바로 옆에 나란히 마련된 코스를 수없이 달려온다. 옆 코스를 나보다 더 먼 길을, 더 빨리, 달리는 선수들이 생동생동해서 묘하게 느껴진다.

오르막이 끝나고 반환점을 돌아오는데 반대쪽에서 동료의 목소리가 울려온다. "회장님, 파이팅!" "교수님, 파이팅!"이 심심찮게 들린다. 그냥 길거리에서 만나더라도 반가운 얼굴인데 힘든 길을 함께 달리면서 얼굴을 마주하니 한결 더 반갑다. 나도 큰 소리로 '파이팅!' 하며 주먹을 불끈 쥐면서 지나간다. 12㎞지점을 지나면서 발걸음이 가벼워진다. 몸에 맞춰 빨리 달려가니 나보다 앞서 달리던 숱한 선수들이 뒤떨어진다.

18㎞지점에 이르면서 피로가 누적되어 다리가 무겁다. '겨우 6㎞ 신나게 달리고 힘든 고비가 찾아들다니……. 남자는 마음으로 늙고 여자는 얼굴로 늙는다더니 몸보다 마음이 먼저 약해지는구나.'하면서 힘든 고비를 나이 탓에 돌리고 이기려고 애쓴다. 하지만 그것은 마음뿐, 이미 근육 구석구석에 스며든 피로가 쉽게 물러설 낌새조차 보이지 않는다. 그럴수록 있는 힘 다 쥐어짜서 결승선까지 달리자고 다짐한다. 기록에 매달리지 않고 모든 욕심을 버리고 끝까지 달리자고 몇 번이고 다짐한다. 살다보면 상대적으로 좋은 분과 나쁜 분, 은인과 트레바리[2)]를 만나게 마련이지만 달리는 길에서는 모든 것이 절대적으로 자신의 몸과 마음에 들어 있다. '걸어가자.'고 수없이 꾀는 마음을 억누르고 끝까지 달려서 결승선을 넘는다. 결승선에서 '60대 2등'이라는 푯말을 목에 걸어줄 때 그 기쁨이란! 고비를 억지로 넘기며 달린 끝에 받은 푯말. 그 속에 들어 있는 '그대 몸과 마음은 모두 튼튼하니 더욱 잘 가꾸고 간직하라.'는 뜻에 가슴이 뭉클하다.

헐떡이는 숨에 심장이 견디다 못해 터지기 직전에 결승선을 넘고 우레탄 트랙에 털썩 주저앉아 아내가 준비한 막걸리를 몇 잔 벌컥벌컥 들이킨다. 땀이 말라붙어 소금기가 부석거리는 얼굴을 툭툭 털며 혼자 마시다가 지나가는 비슷한 연령의 선수들을 끌어 모아 함께 마시는 기분이란 세상을 모두 얻은 통쾌, 바로 그것이다! 시상대에서 상패와 상장을 받을 때도 나이에 어울리지 않아 겸연쩍으면서도 어린이처럼 싱글벙글 기분이 좋다. 마라톤이 힘겹고 고달파서 앞으로 절대 대회에서 달리지 않겠다고 다짐한 것이 그 몇 번이던가! 그러면서도 대회만 열리면 모두 까맣게 잊고 텀벙 뛰어드는 것은 힘들게 달리면서 느낄 수 있는 묘한 맛에 홀리기 때문이다.

1) 중도(中道) : 어느 쪽으로도 치우치지 않는 일.
2) 트레바리 : 까닭 없이 남의 말에 반대하기 좋아하는 성격의 사람.

모터사이클 마니아

●●●

그야말로 목숨이 '째깍' 사이에 걸려 있다. 도로 위가 온통 지뢰밭이요, 적군에게 에워싸인 분위기라서 잠시라도 정신 차리지 않으면 순식간에 돌이킬 수 없는 사고가 발생하여 세상을 등지거나 회복불능의 불구자가 될 수도 있다. 달리는 내내 신경을 곤두세우고 도끼눈으로 앞을 노려보면서 옆과 뒤도 단단히 경계해야 한다.

내가 모터사이클을 타기 시작한 것은 '80년 봄부터이다. '80년에는 우리나라에 자동차가 별로 없어서 비포장도로가 많고 도로도 발달되지 않았다. 그 해 수백 리 먼 곳에서 근무하던 삶의 길동무인 아내가 집에서 더 가까운 학교로 전근되었다.

둘째형님의 소개로 맞선 본 후 곧 동방화촉(洞房華燭)을 밝힌 우리는 근무지가 멀리 떨어져 있어서 주말 가시버시로 신혼생활을 시작하였다. 주말에 만났다가 헤어지는 애환으로 꿀처럼 달콤하다는 신혼시절을 몇 년 보낸 후 겨우 함께 살게 되었는데 호사다마(好事多魔)처럼 아내에게 출퇴근 고생길이 열렸다. 아내가 전근 온 학교는 집에서 43㎞쯤 떨어졌다. 대부분은 포장이 잘 되었는데 3㎞정도는 조약돌이 울퉁불퉁하게 깔린 비포장도로였다. 출퇴근할 때 시외버스를 한번 갈아타는데, 출근할 때는 시간이 잘 연결되어서 한 시간이면 충분하였다. 그런데 퇴근할 때는 자갈길을 달리는 버스도 바로 없고, 두 번째 버스와 연결도 잘 되지 않아서 세 시간이나 더 걸렸다.

자식들이 아주 어렸으므로 아내는 업무가 끝난 뒤 될 수 있는 대로 빨리 집으로 돌아오는 것을 절대의무(絶對義務)로 여기며 지냈다. 그런데 버스를 기다리느라고 지친 데다 만원이기 일쑤라 시달리고, 빨리 못 오는 바람에 자식들 걱정에 마음마저 불안해서 아내는 늘 파김치가 되었다. 세월이 흐름에 따라 점점 더 힘들어하고 피로한 기색이 얼굴에 깊이 쌓이는 모습을 바라보니 몹시 안쓰러웠다.

문제의 해결방안은 직장을 그만 두거나 자동차를 마련하는 길밖에 없었다. 아내는 경제적으로 아무 대책도 없이 사표만 데꺽 낼 수 없다고 하고, 그렇다고 당시 30대 중반의 나이로 경제적 틀이 잡히지 않은 형편에서 4륜 자동차를 선뜻 장만해서 굴린다는 것은 꿈조차 꿀 수 없었다. 온갖 궁리 끝에 출근은 버스로 하고, 퇴근은 모터사이클로 함께 다니기로 결정한 것이 내가 모터사이클을 타게 된 실마리이다.

살림형편에 알맞은 모터사이클을 장만해서 갈 때는 혼자이지만, 올 때는 아내를 뒤에 태우고 씽씽 달리니 사슴이 끄는 썰매를 타고 흰 눈 사이를 달리는 기분이 제아무리 상쾌한들 이보다 더 좋을까! 무엇보다도 세 시간 이상 걸리던 퇴근시간이 두 시간도 걸리지 않게 되어서 아내의 표정이 아주 밝아졌다. 우리 젊은 가시버시는 조금이라도 더 빨리 만나서 좋고, 짧아진 시간은 집안일과 자식들을 돌보는 데 보탬이 되어서 좋았다. 게다가 날씨가 좋은 주말에는 가족이 함께 경치가 아름다운 산이나 한적한 들판에서 풀벌레와 물고기를 잡으며 오붓한 시간도 가졌다. 힘든 퇴근길 때문에 모터사이클을 장만한 것이 가져다 준 자연 속에서 보낸 그 시간들은 젊은 시절의 낭만이요, 아이들에게는 좋은 추억이 되었다. 때때로 눈, 비, 바람 등으로 사나운 날씨 때문에 힘들고 고생스러운 모터사이클 퇴근길이 당시에는 몹시 야속스러웠지만 지나니까 아름다운 추억으로 아롱다롱 수놓아진다.

아내가 집에서 엎어지면 코 닿을 학교로 전근된 후에는 낚시, 등산 등의 취미생활에 원활한 교통수단으로 계속 활용하였다. 몇 년 후, 자동차를 장만하고도 날렵한 이동, 재빠른 가·감속, 탈 때의 해방감, 저렴한 유지비, 편리한 주차 등의 장점이 있어서 배기량이 큰 2륜으로 자꾸 바꾸다가 드디어 1300cc급의 대형을 즐겨 타는 마니아로 발전하였다. 주말이나 방학 중 때때로 쭉 뻗은 국도를 따라, 바람을 벗 삼아 유유자적(悠悠自適) 모터사이클을 타면 마냥 상쾌하다. 부드럽게 핸드그립[1]하고, 차체를 지그시 눌러주듯 니그립(knee grip)한 상태에서 발판에 편하게 발을 올려놓고, 편안한 몸자세로 전후좌우를 재빨리 살피며 달리면 상쾌하기 짝이 없다. 스로틀[2]의 당김과 풀기를 되풀이하며 뒤떨어지는 4륜 자동차가 곧 백미러 속의 한 점으로 사라져 가는 속력으로 달리면 이 건 말이 달리는 것이지 땅위의 비행기이다. 근심, 걱정, 고뇌, 스트레스 등 쓸데없는 잡쓰레기들이 모두 훌훌 날아간다. 2륜을 타면서 느끼는 신명나고, 홀가분하고, 후련한 맛은 마니아의 몫이다.

고속(高速)에서 감도는 짜릿한 맛과 모터사이클과 한 몸 되어 이뤄지는 코너링 때의 스릴은 2륜을 타는 사람만이 느끼는 절묘한 맛이다. 길 가운데 띄엄띄엄 눈을 부릅뜨고 과속을 단속하는 카메라도 모터사이클에게는 '안녕, 조심.'하면서 윙크한다. 그럴 때마다 가벼운 미소로 응답하고 내달리니 거칠 것은 아무 것도 없다. 먼 거리가 손바닥 정도로 가까이 다가서니 이것이 바로 홍길동전에 나오는 도술(道術)부리는 축지법이라, 그야말로 "야호!"이다.

모터사이클을 탈 때는 작은 실수라도 너그럽게 받아들여지지 않는다. 실수를 저지른 후, "다시 한 번!"하고 소리쳐 보았자 이미 엎질러진 물이다. 감각이 무뎌지고 오래 타면 허리가 뻐근한 나이에서는 빨리 달리면 지레 겁이 나고 몸을 숙이고 달리면 금세 피로하다. 아마도 마라톤으로 훈련된 순발력과 체력이 없었다면, 환갑·진갑 다 넘긴 나이에서 모터사이클 라이딩을 즐기며 지낸다는 것은 꿈도 꾸지 못할 것이다.

고속으로 달릴 때는 달리는 길이 모두 삶과 죽음의 갈래 길이므로 딱히 싸움터 한 가운데 서 있는 기분이다. 그야말로 목숨이 '째깍' 사이에 걸려 있다. 도로 위가 온통 지뢰밭이요, 적군에게 에워싸인 분위기라서 잠시라도 정신 차리지 않으면 순식간에 돌이킬 수 없는 사고가 발생하여 세상을 등지거나 회복불능의 불구자가 될 수도 있다. 달리는 내내 신경을 곤두세우고 도끼눈으로 앞을 노려보면서 옆과 뒤도 단단히 경계해야 한다. 거치적거릴 물체가 갑자기 나타나면 도끼눈이 토끼 눈 되고, 콧노래 부르던 강심장이 놀란 새가슴으로 바뀌기 일쑤이다. 내 잘못 아닌 남의 잘못에도 목숨을 내 놓을 수 있기 때문이다.

때로 "그 위험한 물건을 왜 타느냐?"고 묻는다. "나이에 걸맞지 않게 그게 무슨 짓이냐?"고 핀잔도 듣는다. 대답은 빙그레 건네는 '웃음'일 뿐이다.

'그래서 마니아지요. 다이내믹한 삶이 바로 젊음이고, 잠자코 앉아서 활동을 피하는 삶은 늙음이 아닐까요? 사람들은 왜 모험을 즐기지요? 안전한 길 그냥 두고 왜 계곡 래프팅(rafting)하지요? 안전하게 땅이나 딛지 왜 위험하게 공중에서 행글라이더(hang glider)에 매달리지요? 좋은 길 두고 왜 클라이밍(climbing)하지요? 밧줄의 한 쪽 끝은 나무나 쇠로 높게 설치한 덕의 시렁에 매고 다른 끝은 자기 발목을 묶은 다음 왜 높은 덕에서 뛰어내리며 번지점프(bungee jump)하지요? 왜 미생물도 못 사는 가장 험준한 산꼭대기를 극성스럽게 골라 목숨을 걸고 기어오르지요? 잘 포장된 아스팔트길을 젖혀두고 위험스러운 사막의 모래 길이나 북극의 얼음길을 가로지르며 왜 자동차경주하지요?'

등의 되받아 묻고 싶은 말은 가슴에 묻고…….

1) 핸드그립(hand grip) : 손잡이, (자전거 등의) 핸들.
2) 스로틀(throttle) : 오토바이의 휘발유량을 조절하는 레버.

초가을 노랫소리

●●●

아마추어 연주자가 무대에 서면 잔뜩 긴장하거나 지레 주눅 들기 쉽다. 적당한 긴장은 보약이지만, 지나친 긴장은 독약이다. 너무 긴장한 나머지 수없이 외운 가사를 잊어버리거나 박자를 놓쳐서, 기껏 갈고 닦은 알량한 재주도 발휘하지 못하고 애쓴 노력이 물거품이 되기도 한다.

풀잎에 이슬이 맺혀서 가을기운이 완연하다는 백로가 되니까, 맹위를 떨치던 무더위가 한풀 꺾여서 새벽바람이 제법 서늘하다. 그렇지만 두 다리로 달리는 몸에서는 여름처럼 땀이 줄줄 흐른다. 비가 오려고 후텁지근하면, 지나새나 들판에서 고운 소리로 아리아를 부르는 것을 시작으로 메들리(medley)[1)]를 이어가던 개구리의 여름노래 합창연주 프로그램은 끝나고, 풀벌레의 가을노래 연주가 한창이다. 곳곳마다 마띠네[2)]를 연주하는 귀뚜라미의 감미로운 노랫소리가 서늘한 바람결에 가득 실리고, 자드락길 푸나무서리에서는 온갖 풀벌레의 달콤한 사랑노래가 끊임없이 울려 퍼진다.

여울목을 흐르며 재잘거리는 시냇물 소리는 언제 들어도 정겹다. 햇볕 따가운 오후에 말매미가 초가을 노래를 뽑던 메숲진 골에서,

사위어[3] 가는 별빛을 아쉬워하며 접동새가 가을노래를 부른다. 접동새가 부르는 노래는 알을 낳는 4월에 부르는 사랑의 세레나데[4]든, 초여름에 새끼 어르며 부르는 자장가든, 초가을에 먼 남쪽으로 떠나려고 부르는 이별가든, 노래마다 애잔해서 애간장이 다 녹아내린다.

온갖 자연의 소리에 에워싸여 달리니까, 오늘 저녁에 열리는 음악회에 출연하려고 몇 달 동안 소리벗들과 연습한 일이 새록새록 떠오른다. 출연자마다 자신의 능력과 취향에 맞춰서 곡을 고르고, 작사와 작곡의 배경을 조사하고, 꿈에서도 악보를 떠올릴 만큼 외우고, 역복식(逆腹式) 호흡으로 발성하는 벨칸토 창법을 익히면서 여름더위를 사냥하였다. 그러나 아름다운 소리로 가슴이 흐뭇하도록 연주하기란 쉽지 않아서 노래를 부른 뒤에 성에 찬다고 말하는 사람은 아무도 없다.

사는 둘레에서 개울물·매미·개구리·풀벌레 등이 내는 자연의 소리를 늘 듣건만, 자연스러운 소리를 제대로 못 내니까 여러 사람 앞에서 연주하기가 쑥스럽다. 산길이나 고샅길을 달려가면서 접동새·수탉·염소 등의 부드러운 마주울림 소리를 자주 들으면서도, 높은 음을 '가장 강하게' 연주하려면 기어이 고함을 지른다. 타고난 소리빛깔이야 어쩔 수 없더라도 발성원리를 잘 터득하면 고운 소리를 낼 수 있을 텐데 그것이 말처럼 쉽지 않다.

몸 풀 여인이 삼가고 조심하며 때를 기다리듯, 모든 출연자들이 조용히 앉아서 마음을 가다듬고 자신의 차례를 기다린다. 나도 그 속에 끼어 검은 턱시도를 정갈하게 차려입고, 나비넥타이를 매고, 커머번드(cummerbund)[5]를 단정하게 두르고, 너볏한[6] 몸가짐으로 앉아 있다.

모처럼 만난 사람끼리 나누는 온갖 이야기로 공연장은 도떼기시장처럼 시끌시끌하다. 한복으로 우아하게 치장한 첫 번째 출연자에게 보내는 격려박수가 수런거리던 소리를 쥐 죽은 듯이 잠재운다. 장모인 김말봉 여사가 사위집에 놀러가서 자신이 지은 시를 읊고, 사위인 금수현 작곡자가 즉석에서 곡을 붙여 애창가곡이 된 '그네'의 전주곡이 흐른다. 출연자는 "지명(知命)[7]이 되었지만, 아내이자 어머니이며 며느리 노릇으로 눈코 뜰 새 없이 살다가 늦깎이로 배운 솜씨로 무대에 서려니까 자꾸 떨려요."라고 말하곤 하였다. 아마추어 연주자가 무대에 서면 잔뜩 긴장하거나 지레 주눅 들기 쉽다. 적당한 긴장은 보약이지만, 지나친 긴장은 독약이다. 너무 긴장한 나머지 수없이 외운 가사를 잊어버리거나 박자를 놓쳐서, 기껏 갈고 닦은 알량한 재주도 발휘하지 못하고 애쓴 노력이 물거품이 되기도 한다.

평소에 연습할 때 미소 띠던 여유와 웃음은 간데온데없고, 긴장하는 낌새가 뚜렷하면서 첫 번째 출연자가 무대에 오른다. 수줍은 새색시가 거센 여울물에 놓인 징검돌을 한발 한발 디디며 건너듯 피아노 반주에 맞춰 조심스럽게 연주하는데, 듣는 내 마음이 조마조마하다. 그러나 약간 떨리듯 부른 목소리가 단오명절날 곱게 차려 입은 처녀가 부끄러워서 볼그레해진 얼굴로 그네 타는 모습을 효과적으로 잘 나타내어서 노래가 끝난 뒤 박수갈채가 길게 이어진다. 이어서 내 차례이다. 채 멎지 않은 공기의 떨림에 몸을 싣고, 이태리 가곡인 '금단의 노래(Musica Proibita)'를 연주하려고 준비한다.

피아노의 전주곡이 흐르는 동안, 청중석에 앉은 아내와 눈인사하며 마음을 가다듬는다. 부엌에서 반찬준비하며 도마질하는 칼장단에 맞춰 노래하던 내 모습이 떠오르는지, 아내의 얼굴에 잔잔하게 웃음이 흐른다. 작곡자가 곡에 붙인 대로 '말하듯이' 노래를 시작하여, 점점 느리게 감정도 나타내고, 열광적이거나 발랄하게 음도 처리한다. 생기를 가지고 빠르게 부르기도 하고, 부드러우면서도 큰 소리로 열렬히 마지막 부분을 부르니까, 여름내 공연준비로 바쁘게 보낸 땀방울이 큰 박수로 열매 맺어 되돌아온다. 그러나 소리세상으로 깊이 들어갈수록 나와 노래 사이에 드팀새[8]가 자꾸 커져서, 고운 목소리로 연주하는 세상은 아득히 먼 곳에 있음을 뼈저리게 느낀다.

성악프로그램이 끝난 뒤, 코이노니아[9] 시간에 소리로 맺어진 선후배가 한자리에 앉아 박장대소(拍掌大笑)하며 군음식에다가 사랑을 버무려서 함께 나누어 먹는다. 이 시간은 내가 노래를 통해 얻는 또 다른 생활의 단맛이요, 행복이다.

요즈음 많은 사람이 웰빙에 크게 관심을 기울이면서 생활에 관련된 요소마다 웰빙이 약방에 감초처럼 끼어들고 있다. 집이든·입을거리든·먹을거리든·건강보조기구든 가리지 않고 웰빙이 들어가서 마구 휘저으니까, 무엇이 참다운 웰빙인지 헷갈린다. 나는 하잘것없는 솜씨지만 즐겁게 노래하고, 보잘것없는 기록이지만 즐겁게 달리면서 흐뭇하게 지낸다. 돈도 거의 들지 않으면서 행복을 느끼는 이런 활동이 슬기로운 웰빙의 수단이 아니랴!

1) 메들리(medley) : 접속곡. 혼성곡.

2) 마띠네(matinée) : 아침의 노래. 마티나타(mattinata).

3) 사위다 : (불이) 사그라져 재가 되다.

4) 세레나데(serenade) : 밤에 애인의 집 창 밑에서 남자가 부르거나 연주하는 사랑의 노래.

5) 커머번드(cummerbund) : 허리띠((턱시도를 입을 때 조끼 대신 두름)).

6) 너볏하다 : [됨됨이나 태도가] 번듯하고 의젓하다.

7) 지명(知命) : [논어(論語) 위정편(爲政篇)의 '五十而知天命'에서] 나이 '쉰 살'을 뜻하는 말.

8) 드팀새 : 밀거나 비켜나가거나 하여 약간 틈이 생긴 정도나 기미.

9) 코이노니아 : [헬라어] 나눔. 교제. 사교.

넉넉한 자연

●●●

소쿠리에 실은 꼴짐을 짊어지고 소를 몰면서 집으로 돌아가는 농민의 모습은 매우 평온하고 소박하게 보였다. 해거름에 붉게 물든 저녁노을을 머리에 이고 허리질러 서 있는 큰 느티나무 아래를 지나간다면, 금상첨화의 목가적 풍경이 이루어졌다.

고향은 누구에게나 언제든지 어머니의 품처럼 아늑하고, 포근하고, 넉넉한 쉼터로 다가선다. 그래서 월남한 사람은 보고 싶은 고향을 마음대로 찾아갈 수 없어서 이따금 시름에 겹고, 오랫동안 이민 살이 하는 사람은 고향소리만 들어도 눈물을 흘린다. 어린 나를 귀여워한 이웃 어른들, 정다운 같은 나이또래, 집, 나무, 고샅길[1), 바위, 언덕, 논밭, 냇물, 골짜기, 마을 산……. 모두 늙지도 않고, 부서지지도 않고, 세월이 멈춘 채 사진처럼 옛 모습 그대로 가슴속에 새겨진 채 한없이 그립다.

나는 어린 시절에 너나할 것 없이 몹시 가난한 농촌에서 자랐지만, 훨씬 잘 살게 된 요즘보다 더 값진 것이 얼마든지 있었다. 내가 자랄 때 널려 있던 그 값진 것들이 머릿속에 그대로 살아 있어서 고향을 생각하거나 찾을 때마다 그립게 떠오른다.

논밭뙈기가 적으면 호락질[2)]로 짓겠지만 넓은 농토에 퇴비를 밑거름으로 쓰면서 사람과 마소의 힘만으로 농사를 짓다보면, 여럿이 울력으로 힘 쏟을 일도 많고 두레[3)]와 품앗이로 서로 거들어야 할 일도 많았다. 그러므로 농촌에서 제때에 일을 추스르면서 농사를 지으려면, 이웃끼리 서로 따듯하게 보듬고 인정을 베풀면서 살아야 했다. 논밭에서 새참이나 점심을 먹을 즈음 아는 사람이 지나가면 으레 함께 먹자 불렀고, 다 저녁때에 방물장수나 소금장수가 들면 하룻밤을 거저 묵어가도록 행랑방을 선뜻 내주었다. 제삿날이나 집안 어른의 생신날은 마을어른을 모셔서 정성껏 음식을 대접하였고, 음식에 인정을 듬뿍 담아서 이웃집에 돌렸다.

내가 자라던 천등산에는 1년 내내 산토끼, 노루, 너구리, 산돼지 따위의 길짐승으로 넘쳐났다. 산토끼가 얼마나 많은지 늦가을에 털가죽이 널려 있지 않은 집이 드물었고, 살을 에는 칼바람이 불면 산토끼 털가죽 귀걸이를 하지 않은 사람이 별로 없었다. 아침에 노루를 보면, "에이, 재수 없어."하고 투덜거렸고, 또래가 아랫도리를 내리고 볼일을 보면 '노루 궁둥이'라고 놀려댈 정도로 노루가 많았다. 참새, 꿩, 까치, 올빼미 따위의 날짐승도 흔했다. 참새는 초가지붕에 보금자리를 마련하고 벌판에 있는 풀씨, 곡식 또는 벌레를 먹는 텃새이므로 집 언저리를 새까맣게 몰려다니면서 재잘거렸다. 가을에는 벼·조·수수 이삭에 날아드는 참새를 쫓느라고 팔이 아픈 허수아비가 수없이 많았다. 나는 어릴 적에 참새를 '우리나라의 텃새답게 털

무늬가 매우 곱고 예쁘다.'고 여겼다. 그러므로 요즘 참새가 귀해지면서 넓은 자리가 휑뎅그렁하게 비어서 가슴이 아리다.

봄의 숨결로 아지랑이가 들녘에 아른아른 피어오르면, 발에 밟히는 들풀은 거의 나물로 으뜸인 꽃다지·냉이·달래·씀바귀 등의 가녀린 싹이었다. 논·못·계곡 따위의 물이 많이 고인 양지바른 곳마다 개구리가 알을 슬어 놓으면, 산천은 이내 개구리·박쥐·제비·뱀 따위가 들끓기 시작했다. 모내기 준비로 논바닥을 갈아엎을 즈음, 산기슭은 진달래꽃으로 뒤덮였고 강남에서 돌아온 제비는 논흙과 검불 따위를 물어다가 처마 밑에 집을 짓느라고 눈코 뜰 새 없이 바빴다. 복숭아·살구·조팝나무·아카시아·밤나무가 때를 맞춰 차례로 꽃을 흐드러지게 터뜨리면서 짙은 향기가 온 산천과 계곡을 휘감았다. 개울에는 가재와 다슬기가 철철 넘쳤고, 논마다 우렁이·미꾸라지·송사리가 물보다 더 많았다. 새우는 체나 족대[4]로 물고기를 잡을 때 덩달아 많이 걸려서 거치적거렸다. 가재는 어두운 밤에 횃불을 밝히면, 살금살금 기어 나와 집게발을 번쩍 들고 줄을 서므로 '얼마만큼 잡느냐?'는 집어넣는 사람의 마음에 달려 있었다.

숲을 뒤흔드는 꾀꼬리와 뻐꾸기를 비롯한 수많은 새 소리에 새벽 단잠을 깼다. 한낮에는 '새줄랑이[5]'라는 말이 만들어졌다고 할 정도로 꽁지 짓이 요란스러운 할미새와 하늘 높이 날아올라 지저귀는 종달새를 벌판에서 바라보았다. 날이 저물면서 두견새의 자장가가 들리기 시작하면, 날씨가 점점 더워졌다. 털매미 소리를 들으면서 보릿고개를 넘어가면, 이내 말매미·깽깽매미·참매미·쓰름매미의 소리가 잇달으면서 여름이 깊어갔다. 한낮에는 여치가 드보르의 '꿈속의 고향'을 연주해서 점심 먹고 잠시 눈을 붙이고 쉬는 일꾼들의 피로를 풀어주었다. 일꾼들이 자리를 비운 논에는 매미가 부르는 베버의 '사냥꾼의 합창' 소리에 맞춰 뜸부기들이 무성한 벼 포기 사이에 몸을 가리고 달팽이·물벌레·물풀 따위를 먹으며 배를 채웠다.

땅거미가 드리워지면서 시궁창에서 모기와 하루살이를 사냥하던 잠자리 떼가 사라지면, 마당에 모깃불을 피워놓고 이웃사람과 널평상에 앉아 옥수수·수박 등을 먹으면서 도란도란 이야기했다. 매캐한 연기를 뚫고 베짱이, 방울벌레 따위의 풀벌레 연주가 요란하면서 짧은 여름밤이 깊어 갔다. 은하수가 유유히 흐르는 한밤중에 이따금 넓은 하늘을 가르마 타면서 가뭇없이[6] 사라지는 별똥별의 쇼에 질세라, 땅에서는 수많은 반딧불이가 반짝이는 꽁무니를 뽐내며 살아 움직이는 보석처럼 날아다녀서 장관(壯觀)이었다.

해질녘에 풀밭 위로 날아올라 요란스럽게 날개소리를 내며 붉은 노을 속으로 사라지는 팥중이의 모습은 여름저녁에 농촌에서 흔히 볼 수 있는 아름다운 자연의 노래요, 낭만이었다. 그 소리를 들으면서 소쿠리에 실은 꼴짐을 짊어지고 소를 몰면서 집으로 돌아가는 농민의 모습은 매우 평온하고 소박하게 보였다. 해거름에 붉게 물든 저녁노을을 머리에 이고 허리질러[7] 서 있는 큰 느티나무 아래를 지나간다면, 금상첨화(錦上添花)의 목가적(牧歌的) 풍경이 이루어졌다. 이런 풍경을 병풍으로 두르고, 흙에서 또래들과 뒹굴며 지낸 어린 시절이 못내 그립다.

소슬바람이 불면서 벼이삭이 고개를 숙이고 나뭇잎과 들풀이 힘을 잃기 시작하면, 풀숲은 메뚜기·방아깨비·풀무치·사마귀·팥중이·귀뚜라미 따위의 세상이 되었다. 들에서 메뚜기를 잡아 됫병이나 주전자에 담으면 금세 가득 찼다. 밤송이에서 알밤이 떨어지면, 참나무마다 도토리도 깍정이를 벗으려고 몸부림쳤다. 도토리를 주워 떫은 맛을 우려낸 뒤 묵을 쑤면, 기막히게 맛이 좋았다. 도토리가 참나무 둘레와 돌 틈 사이를 들락거리며 겨울먹이를 장만하는 귀여운 다람쥐의 먹이인 줄도 모르고 이따금 싹쓸이하다시피 줍기도 하였으니 얼마나 어리석은 짓거리였는지 모른다.

내가 자라던 풍요롭던 농촌은 크게 바뀌었다. 무성한 풀 사이를 구불구불 에둘러 흘러서 마냥 여유롭던 개울은 곧게 펴져서 바삐 흘러가는데다가 골짜기에 양계장·개 사육장·양어장이 마구 들어서서 철철 넘쳐나던 물고기·가재·새우 따위의 씨가 말랐다. 마을을 두르고 있는 낮은 산은 이발기계로 머리를 깍듯 불도저로 푸나무를 밀어내고 밤나무를 심어서 산토끼와 노루를 몰아냈다. 논밭에 독한 농약을 마구 쳐서 우렁이와 송사리가 없어지고, 온갖 풀벌레와 개구리의 수가 크게 줄었다. 소가 끄는 수레 대신 경운기가 다니고, 엄마 찾는 송아지의 울음소리 대신 딸딸거리는 엔진소리가 진동한다. 아기 울음 소리가 멎고 삭정이[8]가 되어가는 노인만 남으면서 운치(韻致)도 없고, 낭만도 없고, 생기도 없고, 희망도 없다. 동식물의 개체수가 적어지고 씨가 마를수록 농촌은 더욱 가난해지고 인정도 메말라 가는 것을 왜 모르는지……. 눈앞의 작은 경제적 이득과 농촌개발에 자연보호가 뒷전으로 밀려서 고향의 과거는 결딴나고, 현재는 삭막하고, 미래는 어두워서 안타깝다.

나는 옛 시절에 학교가 끝나면 같은 나이또래들과 뒹굴며 놀고, 두세 개의 방에서 대가족이 살갗을 맞대며 지내고, 잘못을 저지르면 이웃 어른에게 꾸중을 들으면서 구김살 없이 자랐다. 요즘 어린이는 학교가 끝나면 저마다 학원을 바쁘게 다니고, 혼자 방을 쓰고, 이웃의 무관심 속에서 자란다. 애옥살림[9]일망정 넉넉한 자연에서 살던 어제의 농촌과 살림은 포실하지만[10] 가난한 자연에서 노인만 사는 오늘의 농촌을 견주어본다. 내 고향 농촌이 어제의 넉넉한 자연과 따듯한 인정의 바탕에 오늘의 포실한 살림을 얹어서 아기의 울음소리가 우렁차게 울리는 가운데 사람과 동식물이 모두 행복하게 사는 땅으로 길이 남기를 소망하면서 고향하늘을 바라본다.

1) 고샅길 : 마을의 좁은 골목.
2) 호락질 : 남의 힘을 빌리지 않고 가족끼리 짓는 농사.
3) 두레 : 농촌에서, 농번기에 서로 협력하여 공동작업을 하기 위해 만든 조직.
4) 족대 : 작은 반두와 비슷하나 가운데 볼이 처지게 된 어구(漁具)의 한 가지.
5) 새줄랑이 : 방정맞고 경솔한 사람을 조롱조로 이르는 말. (비) 촐랑이.
6) 가뭇없다 : [사라져서] 찾을 길이 없다.
7) 허리질러 : '반쯤 되는 곳에'의 뜻으로 쓰이는 말.
8) 삭정이 : (살아 있는 나무에 붙은) 말라 죽은 가지.
9) 애옥살림 : 가난에 쪼들리는 고생스러운 살림살이.
10) 포실하다 : 살림이 넉넉하고 오붓하다.

새 희망을 품고 즐겁게 사는 땅

●●●

너나없이 살림살이가 넉넉하지 못했으므로 생활도구 중에는 몽당이가 많았다. 몽당숟갈이 되도록 감자껍질이나 솥바닥에 눌어붙은 누룽지를 득득 긁었고, 몽당비가 되도록 부엌바닥과 뜰을 쓸었고, 몽당붓이 되도록 글씨를 썼다.

끝없이 밀려오는 매지구름[1]에서 오전 내내 굵은 빗발이 세차게 쏟아진다. 날씨가 후텁지근해서 디디는 마루도 축축하고 손에 닿는 물건도 눅눅하다. 찬물로 몸을 식혀봤자 그 때뿐, 이내 끈적거린다. 올해는 유난스레 덥고 비가 많이 내리는데다 장마철마저 길어서 저절로 짜증스럽다. 선풍기를 틀어봤자 시원하지 않아서 에어컨을 장만하고 싶은 생각이 굴뚝같다[2]. 그렇지만 강파른[3] 몸매의 아내가 에어컨 바람을 싫어하고, 한여름 반짝 더위 못 참고 혼자 며칠 쓰겠다고 들이는 것도 너무 헤퍼서 그냥 지낸다.

오후 들어서 웃비가 걷자[4] '비바람이 몰고 온 더위쯤은 자연을 달리면서 식히자'고 마음먹고 집밖으로 나선다. 에어컨으로 더위를 몰아내는 집이 많아서, 에어컨 실외기의 모터에 달린 바람개비가 앞

다투어 소리 내며 돌아간다. 가로수가 거센 돌풍에 시달리다가 부러져서 허연 속살을 드러내고 몸살을 앓고 있다. 오랫동안 비구름에 제 그늘을 잃어서 가뜩이나 잎마다 풀이 죽어 있는데 바람마저 할퀴고 지나가서 안팎으로 입은 상처가 너무 깊다. 둥치에는, 말뚝에 소고삐 매듯, 누군가가 오랫동안 쇠사슬로 매달아 놓은 자전거가 그대로 매어 있다. 발판만 밟으면 그대로 굴러갈 깨끔한[5] 자전거가 꼼짝없이 녹슬고 있어서 마음이 씁쓸하다.

자전거가 어떤 물건인가! 1950년대까지만 하더라도 현재 거리에 쌔고 쌘 자동차보다 훨씬 귀하지 않았던가. 그 뒤 90년대 중반까지 출퇴근용으로 자리를 굳히고 거리를 누비다가, 자동차가 급속히 증가하면서 '굴러 온 돌에 박힌 돌 빠지듯' 큰 거리에서 쫓겨났다. 요즘 기름 값이 너무 올라 아우성치면서도, 자전거나 시내버스 등을 이용하려는 사람은 뜸하다. 으레 자가용차를 몰고 다니는 바람에 운전대를 놓는 것이 몸에 익지 않은 탓일 게다. 우리는 자전거를 재미삼아 타거나 스포츠로 즐기는 정도로 홀대하지만, 주요 교통수단으로 이용하는 나라도 많다. 자전거는 공기도 오염시키지 않고 건강과 에너지절약에 크게 보탬이 된다. 이 땅에 자전거를 애용하는 교통문화가 들어서도록 모든 여건이 하루 속히 마련되기를 기대해본다.

개인주택이 옹기종기 모여 있는 마을 모퉁이에 울멍줄멍한[6] 쓰레기 봉지들이 내일 꼭두새벽에나 올 트럭을 꼬박꼬박 기다리고 있다. 더운데다 흠뻑 젖어서 썩는 냄새가 언저리에 물씬 풍긴다. 퀴퀴하지만 다른 세상으로 돌아가며 내뿜는 자연의 냄새이다. 봉지 앞에 버린 접이우산에 눈길이 간다. 구름 타고 떠돌다가 이 땅에 내려오는 비를 주인과 손잡고 다니면서 기쁘게 맞이하던 우산이다. 그런 우산이 주인을 잘못 만나 목숨을 재촉해서 아깝다. 내가 어린 시절에는 구부러지거나 부러진 우산살은 고치고, 터진 실밥은 꿰매 가며 애지중지 아껴 썼다. 우산을 받치고 학교에 가는 날은 잃어버릴까 온종일 신경이 쓰일 정도였다.

몽당솔처럼 생긴 2단 접이우산에서 내가 어린 시절에 이웃 아가씨가 입고 다니던 몽당치마[7]가 떠오른다. 치맛자락을 치렁치렁 끌며 들에서 일하는 사람들이 먹을 음식을 머리에 이고 바삐 오가거나 밭에서 쪼그리고 앉아서 일하면서 끌다보면, 치마 끝이 금세 모지라져서 몽총해진다[8]. 요즘 여성들은 남성들의 눈길을 사로잡으려고 일부러 짧은치마를 입고 다니지만, 그 때는 돈도 없고, 장터도 멀고, 부지깽이조차 누워있을 사이가 없을 정도로 바쁘고 고달파서 어쩔 수 없이 몽당치마를 입었다.

너나없이 살림살이가 넉넉하지 못했으므로 생활도구 중에는 몽당이[9]가 많았다. 몽당순갈이 되도록 감자껍질이나 솥바닥에 눌어붙은 누룽지를 득득 긁었고, 몽당비가 되도록 부엌바닥과 뜰을 쓸었고, 몽당붓이 되도록 글씨를 썼다. 너무 짧아진 몽당연필은 연필대를 끼워서 더 이상 깎을 수 없을 때까지 썼다. 옷이 해지면 깁고, 고무신이 떨어지면 꿰매고, 금간 그릇이나 항아리는 때웠다. 몽당이가 되도록 쓰거나 잔손질하며 오래 쓰는 생활도구가 손에 익고 정이 들어서, 새 것 못지않게 일도 잘 되고 마음도 편했다.

논두렁과 밭두렁을 따라 뻗은 논틀밭틀을 달린다. 비가 잠시 그친 틈을 타서 잠자리가 떼 지어 날개 짓 한다. 산기슭에 서 있는 미루나무에서 우는 말매미소리가 높다. 밭고랑에 있던 장끼와 까투리가 발소리에 놀라 "푸드덕" 날아올라 포물선을 그리며 논 위로 날아간다. 길옆 둔덕에 무리지어 핀 개미취와 달맞이꽃이 하늘로 고개를 곧추 들고 어서 장마를 거두어 달라고 호소한다. 잡풀이 웃자란 버덩[10]에는 혼자 수줍어 주황빛으로 물든 나리꽃들이 앞 다투어 목을 길게 뽑고 멀리 내다본다. 농작물을 가꾸지 않아 망초로 뒤덮인 밭뙈기는 농군의 손길을 애타게 기다리고 있다. 밭둑에는 며느리 밑씻개 넝쿨이 조팝나무와 고무딸기의 머리채를 휘어잡고 기승을 부리며 뻗어간다. 묵정논으로 묵힌 다랑이 무논에는 돌미나리가 돌돌 흐르는 도랑물 소리에 홍이 돋아 야들야들 자란다.

산등성이를 따라 나무 사이 길로 접어든다. 날씨가 좋으면 내가 어릴 때 장보러 가던 시골길보다 더 많은 사람이 오르내리며 운동하는 오솔길이 지금은 나 혼자다. 우거진 푸나무와 듬성듬성 핀 싸리꽃이 달려가는 나를 큰 구경거리로 바라본다. 몸에서 흐르는 땀과 길에서 스며드는 빗물이 운동화에 가득 차서 발을 디딜 때마다 절벅거린다. 얼굴을 타고 흐르는 땀을 자꾸 훔치지만, 나무에서 무수히 떨어지는 물방울이 워낙 많아서 물이 줄줄 흐른다. 하늘에도, 땅에도, 바람에도, 몸에도, 가슴 속에도 물풍년이다.

작달비[11]에 흙이 쓸려서 쭈글쭈글 골이 진 산길을 달리면서 곰곰이 생각한다. 옛날에는 원시적으로 농사짓는 농부가 많아서 인심을 후하게 베풀면서 이웃과 가까이 지내야 품앗이, 두레, 울력 등으로 서로 힘을 보태면서 때맞춰 농사를 지을 수 있었다. 가난에 찌들어서 손때 묻은 몽당이 살림이 흔했지만, 숫진 인심으로 빈자리를 채워서 가슴은 늘 푸근하고 넉넉하였다. 오늘날은 옛날보다 더 많이 배워서 사람도 영악하고, 생업도 다양하고, 살림도 넉넉하지만 가슴이 메마른 사람이 많고 인심이 야박하다. 옛날의 숫진 인심과 몽당이가 되도록 아껴 쓴 절약정신을 풍요로운 오늘에 되살려서 사람마다 즐겁게 지내는 행복한 땅으로 길이 남기를 소망하면서 힘껏 달린다.

1) 매지구름 : 비를 머금은 검은 조각구름.
2) 굴뚝같다 : [무엇을 하고 싶은 생각이] 간절하다.
3) 강파르다 : 몸에 살이 적고 파리하다.
4) 웃비가 걷다 : 내리던 비가 잠시 그치다.
5) 깨끔하다 : 깨끗하고 아담하다.
6) 울멍줄멍 : 크고 그만그만한 것들이 고르지 않게 많이 있는 모양.
7) 몽당치마 : 몹시 모지라져서 짧아진 치마.
8) 몽총하다 : [길이나 부피 따위가] 조금 모자라다.
9) 몽당이 : 끝이 닳아서 거의 못쓰게 된 물건.
10) 버덩 : 좀 높고 평평하며 나무는 없이 잡풀만 난 거친 들.
11) 작달비 : 굵고 거세게 퍼붓는 비.

제3부 바람직한 노령사회

섬과 여가 빚은 선경

대장도와 소장도 사이에서 해가 마지막으로 붉은 빛을 내뿜는 모습이 장관이다. 섬, 여, 붉게 물든 노을과 바닷물, 옅은 해무가 엮은 풍경이 황홀하다.

요즘 들어 부쩍 세계 곳곳에서 강진(强震)이 발생하고, 큰 장마가 지고, 폭설이 쏟아지고, 가뭄이 극심하고, 화산이 뿜은 재 때문에 비행기가 뜨지 못하는 등 예사롭지 않은 일들이 일어나고 있다. 우리나라도 올해 4월에는 1973년 이래 기온이 가장 낮고, 가장 늦은 날짜에 폭설이 내리는 등 기상이변에 시달리고 있다. 햇빛양이 적어서 농사를 짓거나 바닷가에서 물고기, 김, 굴 등을 양식하는 사람들이 짓는 한숨에 땅이 꺼질 지경이다.

4월 30일부터 5월 2일까지 흑산도와 목포에서 2010년도 한국국공립대학 평생교육원 원장연수회를 연다는 공문을 달포 남짓 전에 받았다. 3월에도 흐린 날이 많고 기온은 낮았지만, 날씨가 곧 봄기운으로 돌아설 것으로 여기고 참가할 뜻을 밝혔다. 그러나 4월 내내 전국적으로 비도 많고, 바람도 거세고, 기온도 매우 낮은 등 하도

귀살쩍은[1] 봄 날씨가 계속되고 있으므로 날짜가 다가올수록 참가할 지 말지 도무지 갈피를 잡을 수 없다.

다행히 4월 마지막쯤에 날이 들어서 목포행 KTX열차를 타고 내다보는 바깥풍경은 완연한 봄이다. 연수에 참가하는 평생교육원 원장들이 목포연안여객선 터미널에 모여서 흑산도행 파라다이스 쾌속선을 타고 오후 4시에 떠난다. 1시간 후쯤, 해발 255미터의 선왕산이 손에 잡힐 듯 보이는 비금도에 기항[2]한다. 목포로 소풍갔다가 선착장에서 내리는 비금중학교 학생들에게 비금도에 대해 물어보았더니 목포에서 45㎞쯤 떨어져 있고, 면적은 45.25㎢이고, 5천명 안팎의 사람이 살고 있다고 말한다. 때 묻지 않은 순수함이 진하게 배어 있는 섬 소년소녀들에게 정감이 간다.

비금도를 떠나 오후 5시에 흑산도로 향한다. 바람은 약한데 갑자기 쾌속선이 출렁거리면서 골이 아프고, 속이 메슥거린다. 얼굴빛이 노라지면서 구토하는 손님도 보인다. 먼 바다에서 인 너울[3]이 밀려오기 때문이라고 옆 사람이 알려준다. "목포항에서 배 멀미약을 잡숫고 승선하세요."하던 아내의 말이 자꾸 생각난다. 몸 상태와 기분이 매우 언짢아지니까 미처 흑산도에 닿지도 않아서 여행에 정나미가 떨어진다. 뱃멀미를 잊으려고 눈을 감는다. 스르르 잠든 덕분에 무탈하게 비금도를 떠난 50분 뒤에 목포에서 남서쪽으로 97.2㎞, 면적 19.7㎢, 약 2천명의 주민이 살고 있는 흑산도에 도착한다.

바닷물의 빛깔이 푸르다 못해 검은데다 빼곡하게 들어찬 동백나무·후박나무·너도밤나무·소나무 따위 때문에 섬이 검게 보여서 흑산도라 일컫는다는 섬에 닿자마자 관광버스를 탄다. 1984년도에 공사를 시작해서 27년만인 금년 3월 31일에 완공된 25.4㎞길이의 흑산도 일주도로를 달리면서 넘어가는 해의 꼬리를 붙잡고 빼어난 자연경치를 하나라도 더 감상하기 위해서다. 바닷가에 있는 청촌마을을 지나가서 구문여를 만난다. 파도가 거셀 때 바위 가운데에 난 구멍으로 물줄기를 내뿜는 모습이 신비롭다고 한다. 구멍을 드나드는 바닷물보다 조그만 바위산 위에 뿌리를 내린 여러 그루의 소나무가 더 신비롭다. 바위산으로 스며드는 물은 민물이 아닌 소금물일진대 그것을 어찌 견디어내고 더 푸른빛을 띠는지 신기하다. 앙증맞게 생긴 샛개해수욕장과 최익현 유적지를 거쳐 7개의 작은 섬으로 이루어진 어촌풍경이 보이는 사리(일명 모래미) 전망대에 이른다. 이어서 꼬부랑고개를 넘어가니까 다릿발이 없어서 하늘에 떠 있는 느낌을 준다는 하늘도로다. 하늘도로 벽에 그린 신안의 명물과 문화유산도 볼 틈 없이 달리던 버스가 잠시 멈춘다. 대장도와 소장도 사이에서 해가 마지막으로 붉은 빛을 내뿜는 모습이 장관이다. 섬, 여[4], 붉게 물든 노을과 바닷물, 옅은 해무가 엮은 풍경이 황홀하다.

땅거미[5]가 질 즈음 비리(比里)와 마리(馬里) 사이에서 버스가 선다. 재빨리 내려서 바닷물에 뜬 바위를 바라보니, 꼭대기에 난 구멍의 모양이 영락없는 한반도 지도다. 버스에서 잠시 눈을 붙이고 배에 시달린 몸을 달래고 싶지만 독특한 풍경이 수없이 널려 있어서 그럴 짬이 없다. 날이 저뭇할[6] 무렵에 상라봉에 이른다. 상라봉에서 예리항으로 내려가는 '12구비도로'가 밤길을 비추는 가로등에 알몸을 드러내고 곡선미를 뽐낸다. 펄쩍 뛰면 발이 닿을 반월모양의 산성도 가고 싶고, 어둠이 깔린 흑산항의 밤풍경도 감상하고 싶지만, 저녁 8시 30분부터 2시간 동안 이뤄지는 평생교육 정책발표에 참석하기 위해 곧바로 내려온다.

다음 날 오전 10시에 남해 퀸 쾌속선을 타고 기암괴석과 숲이 어우러진 아름다운 섬 흑산도를 떠나 30분 후에 면적 6.47㎢, 인구 500여명인 홍도 선착장에 닿는다. 홍도는 섬 전체가 붉은 빛깔을 띠고, 섬 둘레의 바위에 철분이 많아 바위표면이 붉게 보이므로 홍도라 일컫는다고 한다. 선착장에서 가까운 깃대봉(전망대)에 올라 홍도 해수욕장, 홍도1구 마을, 양산봉, 홍도항 건설현장을 한눈에 바라본다.

오후 1시에 유람선을 타고 2시간 30분에 걸쳐 20.8㎞의 홍도관광 뱃길에 오른다. 홍도에는 절경만 서른여섯 곳이 있는데 이 중에서 홍도의 관문이자 제1경인 남문바위, 실금리동굴, 석화동굴, 탑섬, 만물상, 7남매의 슬픈 전설이 깃든 슬픈여, 부부가 쌓아올린 전설이 깃든 탑바위, 옛날에 중국으로 가는 배들이 드나든 독립문바위, 거북바위, 공작새바위 등 빼어난 기암괴석 열 곳을 '홍도 10경' 명물로 손꼽는단다.

산모롱이를 돌 때마다 비경인 바위와 동굴이 수두룩하다. 기묘한 모습에 어울리게 이름을 붙이고 전설을 그럴듯하게 지어낸 사람들의 슬기가 놀랍다. 홍도 10경을 비롯하여 바닷물에서 뜨거운 사막의 열기를 식히는 낙타바위와 합장하는 승려의 모습을 빼박은 도승바위도 그럴싸하고, 산들바람만 불어도 금세 바다로 굴러 떨어질 아차바위를 바라보니 가슴에서 찬바람이 인다.

구들장을 켜켜이 쌓은 듯이 보이는 시루떡바위, 커다란 곰 모습의 곰 바위, 굴의 모양이 콜라병처럼 생긴 콜라병 동굴, 움푹 파인 바위에 물결이 부딪치면 종소리가 난다는 종 바위, 용왕이 신하들을 위해 사용한 주전자바위 등도 생김새가 독특하고 신비롭다. 보석동굴, 형제바위, 물개바위, ET바위, 칼바위, 병풍바위 등 이름을 붙인 36곳 모두 선경이지만 이름 없는 바위와 동굴도 천하일품이다. 다도해 해상 국립공원답게 매우 아름답고, 해외의 유명한 관광 섬과 견주어도 전혀 손색이 없다.

오후 3시 40분에 홍도를 떠나는 동양골드 쾌속선을 타고 목포로 돌아간다. 어제와 아주 딴판으로 바닷물이 매우 잔잔하다. 바다가 이처럼 조용한 날은 1년에 고작 보름도 채 안 된다고 한다.

다람쥐 쳇바퀴 돌 듯 날마다 사람 틈바구니에서 제자리걸음만 바쁘게 옮기다가 모처럼 외딴 섬마을에서 연수하니까 깊은 산골짜기에서 자라던 어린 시절이 새록새록 되살아난다. 그 시절처럼 섬은 때 묻지 않은 자연의 신비를 고스란히 간직하고 있다. 그곳 사람들은 옛날 산골 사람처럼 소박한 꿈을 지니고, 이웃과 넉넉하게 인심을 나누면서 포근하게 지낸다. 붉게 물든 저녁노을을 가르며 보금자리를 찾아 시원스레 날아가는 갈매기도 내가 어린 시절에 서산 넘어 둥지를 찾아 날아가던 해질녘 어치[7]처럼 평화롭고 아름답다.

1) 귀살쩍다 : (사물이) 정신이 나갈 정도로 엉클어져서 뒤숭숭하다.
2) 기항(寄港) : 항해 중인 배가 도중에 있는 항구에 잠시 들름.
3) 너울 : 바다의 크고 사나운 물결.
4) 여 : 썰물 때에는 바닷물 위에 드러나고 밀물 때에는 잠기는 바위.
5) 땅거미 : 해가 진 뒤로 껌껌하기 전까지의 어둑어둑하여지는 어둠.
6) 저뭇하다 : [날이] 저물어 어둑어둑하다.
7) 어치 : 까마귀과의 새. 몸길이 34cm 가량으로 비둘기보다 조금 작음.

제주 나들이

●●●

물은 이내 수직절벽을 타고 내달리면서 애절하게 소리 지른다. 흩날리는 머리카락도, 바위에 곤두박질쳐서 산산이 부서지는 몸도, 튀어 오르며 흩뿌려지는 눈물도, 이리저리 부대끼며 흘러 빛깔이 바래서 새하얗다. 지금껏 흐르는 동안 맺은 모든 정을 떼는 애끓는 소리가 절벽 사이에서 마주울림 되어 멀리 퍼진다.

세상이 매우 좁아지고 편해졌다. 10여 년 전만 해도 대전에서 제주를 가려면 하루 종일 자동차와 배에 시달린 끝에 파김치가 되어서야 겨우 도착했다. 그런 제주를 이웃마을로 나들이 가듯 반나절 만에 편안하게 도착해서 돌아다니며 바뀐 세상을 실감한다. 아침 7시에 아내와 함께 대전을 떠나 40분 만에 청주공항에 도착하여, 인터넷으로 예약한 항공사에서 탑승수속을 밟고 좌석에 앉으니 8시 10분이다. 20분 뒤에 가뿐하게 날아오른 64인승 소형비행기는 고도 4㎞에서 시속 500㎞로 1시간 쯤 비행하고 제주공항에 사뿐히 내려앉는다. 공항에 있는 렌트카회사에서 승용차를 빌려 10시 이전에 가고 싶은 곳으로 마음껏 달려가니 이 얼마나 좁아진 세상인가!

먼저 서부 일주도로와 해안도로를 달리면서 애월읍과 한림읍에 걸쳐 있는 해수욕장과 해안의 절경을 감상한다. 해안도로를 따라 펼쳐지는 기암괴석과 철썩거리는 파도소리가 예나 이제나 다름없이 한가로운 바닷가 분위기를 엮어낸다. 조용한 바닷가에서 가장 행복한 때를 사진으로 영원히 간직하려는 신혼부부들에게 축복의 노래를 불러주는 풀벌레소리가 감미롭다. 대전과 꼭 같이 말매미는 늦여름을 노래하는데 마구 쏟아지는 따가운 햇볕을 받고 곡식, 풀, 나무 등의 씨앗이 알차게 여무는 소리에서 가을기운을 느껴진다.

광복절이 사흘 전이라 아직 막바지 더위의 위세가 만만찮은데, 해수욕장마다 사람은 보이지 않고 햇빛에 반짝거리는 모래밭만 덩그렇게 바다를 지킨다. 엊그제까지도 피서객들이 북새질쳤을 텐데, 오늘 오후쯤 제주해안이 태풍 '우쿵'의 영향권에 들어갈 수도 있으니 주의하라는 일기특보가 발령되어서인지 몹시 썰렁하다. 물질하는 해녀든·고기잡이배든·날아다니는 갈매기든 아무 것도 얼씬 않으니 그야말로 텅 빈 바다요, 폭풍전의 고요다. 을씨년스러운 바다에 동그마니 떠 있는 비양도[1)]가 눈앞으로 다가선다.

비양도와 바닷가 사이를 끊임없이 밀려오고 쓸려가는 물결이 바위에 부딪쳐서 물보라를 일으킬 때마다 울리는 소리가 쓸쓸한 바다를 다독거린다. 태고(太古)부터 울렸을 이 소리가 웬일인지 내가 뱃속궁궐을 차지했을 때 밤낮없이 들었음직한 어머니 몸을 뚱기는 소리로 들린다. 이 몸이 생겨나면서 듣던 소리라서인지 아무리 들어도 싫기는커녕 차분한 멜로디로 가슴을 적신다. 그런데 이 소리가 물이 바위에 부딪쳐서 부서지는 울음소리인지, 바위가 물에 부딪쳐서 깎이는 바위의 신음소리인지 수없이 들어도 알 수가 없다.

여행을 즐기려면 끼니를 잘 챙겨먹어야 한다. 점심때 한림읍에서 산록도로를 타고 성읍민속마을로 간다. 제주의 자연마을은 해안을 따라 주로 형성되는데, 한라산 쪽으로 올라갈수록 마을의 크기도 작고 숫자도 적은 것이 특징이다. 마을은 고도(高度)에 따라 어촌(漁村), 중산간촌(中山間村) 및 산촌(山村)으로 나뉜다. 어촌은 해발 100미터 이하에 형성된 마을로 생활 형태는 반농반어(半農半漁) 또는 어업이다. 중산간촌은 해발 100미터에서 300미터 사이의 구릉지대에 형성된 농업위주의 마을이고, 산촌은 해발 300미터 이상의 준평원지대에 형성된 반농반목(半農半牧)의 마을이다. 성읍민속마을은 농업을 위주로 살던 중산간촌이지만, 지금은 관광이 주산업인 마을이다.

마을로 들어서자 관광도시 냄새가 물씬 풍긴다. 아는 사람은 없지만 어서 오라고 손짓하며 반기는 사람이 꽤 많다. 민속과 전통가옥을 관광자원으로 살아가므로 손님을 맞이하고, 토속물건을 소개하고, 판매하는 것은 당연하다. 그렇지만 예로부터 도둑·대문·거지가 없어서 살기 좋다는 제주의 시골다운 순진한 맛은 간데없고, 값싼 상혼(商魂)만 지나치게 판치고 있어서 씁쓸하다. 먼저 식당에 들른다. 점심으로 제주특산 흑돼지요리를 큰 소리로 권유한다. 대전보다 비싸서 "통시에서 기른 돼지라 비쌉니까?"하고 물었더니, "고기 맛이 좋고 생산량이 적어서 비쌉니다."하고 대답한다. 아내가 "통시가 뭐에요?"하고 묻는다. "제주에서는 뒷간을 통시라고 일컬어요. 통시는 부엌과 반대쪽에 조금 떨어져 있는데, 돼지우리가 딸려있어요. 인분으로 돼지도 기르고 농사용 거름도 얻지요. 바람 많은 제주에서 냄새가 멀리 풍기는 것도 막았을 테니 얼마나 슬기로운 돼지사육법이에요."하고 아는 대로 말한다. 가뜩이나 입이 짧은데다[2] 비위마저 약한 아내는 산나물 비빔밥을 주문한다.

표선면에 있는 제주민속촌으로 떠난다. 기와지붕 아래에 있는 기둥과 서까래를 고운 빛깔의 아름다운 무늬로 단청한 정문으로 들어가자 관람열차가 기다린다. '이 열차를 타면 편한 대신 제대로 구경할 수 없으니 노약자만 이용하세요.'라는 안내문이 걸려 있어서 그냥 걸어간다. 길 양쪽에 이름표를 달아놓은 푸나무가 많아서 마을전체가 살아있는 식물공부방이다. 잘 가꾼 숲 속에 어촌, 중산간촌 및 산촌별로 제주의 전통가옥을 복원하고 생활용품도 많이 전시해 놓아서, 조상의 숨결을 그대로 느낄 수 있다.

여닫이문에 걸린 문초리가 보이자 아내가 반색한다. 돌멩이를 넣고 짚으로 동여매어 노끈으로 문 위에 매달아서 문이 바람에 닫히는 것을 막는 하찮은 생활용품이지만, 어려서 보던 물건이라 반갑단다. 이곳 초가집은 울안에 텃밭이 딸려 있다. 제주에서는 텃밭을 우영밭이라고 일컫는다. 배추, 무, 파, 마늘 등을 주로 가꾸는 우영밭에 목화를 기르는 집이 몇 채 있다. 다래가 많이 열린 목화를 보고, 아내는 그걸 따먹던 코흘리개 시절을 떠올린다. 가을에 목화를 따다가 씨아에서 씨를 떼고, 물레를 돌려 실을 뽑던 친정어머니를 그리워한다. "이제 그런 모습을 생생히 기억하는 사람은 차차 사라지고, 한낱

사진만 남겠네요."하면서 아쉬움을 드러낸다. 빗물을 받으려고 나무 아래에 둔 항아리, 물을 길어 나른 물허벅과 물구덕, 참억새꽃에 불씨를 간직한 화심 등 제주특유의 생활용품을 보고는 힘겹게 살던 여인상을 떠올린다. 다듬잇돌, 다듬잇방망이, 맷돌, 연자방아, 디딜방아, 따비[3], 갈퀴, 고무래[4], 곰방메[5] 따위를 보면서 옛 벗을 만난 듯 밝은 얼굴로 이야기꽃을 피운다.

해를 노루꼬리만큼 남기고 정방폭포에 도착한다. 우렁찬 소리로 떨어지는 물을 보면서 생각한다. '물이야말로 공중을 떠다니는 고고(孤高)한 신선이다. 그 모습은 구름이나 수증기로 눈에 보이지만 그림자를 잡을 수 없듯 잡히지는 않는다. 하늘에서 흙에 스며들면 무릇 생명을 낳고, 기르고, 살아가도록 베푼다. 폭포 위를 쳐다보니, 울창한 숲 사이에 하늘이 빠끔히 보이는 낮은 곳에 난 물길에서 물이 쏟아진다. 그 길을 벗어난 물은 이내 수직절벽을 타고 내달리면서 애절하게 소리 지른다. 흩날리는 머리카락도, 바위에 곤두박질쳐서 산산이 부서지는 몸도, 튀어 오르며 흩뿌려지는 눈물도, 이리저리 부대끼며 흘러 빛깔이 바래서 새하얗다. 지금껏 흐르는 동안 맺은 모든 정을 떼는 애끓는 소리가 절벽 사이에서 마주울림 되어 멀리 퍼진다.

물보라에 더위가 씻겨서 언저리가 서늘하다. 폭포 옆에서 젊은이 몇 쌍이 어깨를 맞대고 소곤거린다. 튀어 오르는 물방울이 연출하는 물보라를 보며 앞날의 푸른 꿈을 활짝 펼치는가보다. 하얗게 피어오르는 물거품에 때 묻은 마음을 깨끗이 빨고, 가로등 불빛으로 길을 찾아 호텔을 찾아간다. 교통이 발달하기 얼마 전까지 외따로 떨어져 있어서, 우리의 고유한 언어는 물론 생활풍속과 풍습까지 고스란히 간직하고 있는 제주도. 제주가 우리민족의 보물을 잘 보존하면서 발전하기를 바라는 우리 가시버시의 마음을 아는 듯 귀뚜라미소리가 요란스럽게 울어댄다.

1) 비양도 : 한림읍 협재해수욕장 앞에 있는 섬.
2) 입이 짧다 : 가리는 음식이 많다. 음식을 많이 먹지 못한다. 입이 되다.
3) 따비 : 풀뿌리를 뽑거나 밭갈이에 쓰이는 농기구의 한 가지. [쟁기와 비슷하나 좀 작고 보습이 좁음.]
4) 고무래 : 곡식을 그러모으거나 펴거나 또는 논밭의 흙을 고르거나 아궁이의 재를 긁어내는 데 쓰이는 나무로 만든 기구. 'T'자 모양으로 되어 있음.
5) 곰방메 : 흙덩이를 깨뜨리거나 씨를 묻는 데 쓰는 농기구. 둥근 나무 도막에 긴 자루를 끼워 T자 모양으로 만든 것.

으뜸관광 정선

●●●

장바닥에 전을 벌인 가게마다 봄나물이 수북하다. 산골에서 자란 나물이라 냄새가 진하다. 가까운 사람들에게 더없이 좋은 여행선물이라서 더덕, 씀바귀, 달래, 삶아서 말린 취나물을 비롯해 여러 종류를 푸짐하게 산다. 눈에 보이는 대로 사는 나도, 덤을 듬뿍 얹어주며 파는 아주머니도, 넉넉한 마음과 흐뭇한 마음으로 금세 부자가 된다.

굳은 껍질을 밀치고 올라오는 새 생명의 외침이 산천에 가득한 초봄이다. 탄생의 기쁨을 노래하는 자연의 잔치에서 봄기운을 얻으려고 아내와 함께 정선으로 나들이를 나선다. 정선은 우리나라에서 자연풍경이 으뜸으로 아름다운 지역 중에 하나요, 숫진 인심이 그대로 살아있는 두메산골이다. 나는 1960년대 후반에 제천에서 공무원으로 일할 때 정선을 서너 번 놀러간 적이 있다. 그 때 내 마음에 자리 잡은 정선은, 높은 산으로 둘러싸인 아담한 '마을'과 깨끗한 '물'이다. 그 당시 정선에는 사람이 적게 살고, 헤엄치는 물고기와 바닥에 깔린 돌이 잘 보일 만큼 냇물과 강물이 매우 맑았다.

먼저 양반전에 등장하는 인물을 형상화해 놓았고 정선지역의 옛날

주거문화를 볼 수 있는 '아라리촌'을 찾는다. 영·정조 시대에 박지원이 쓴 정선의 몰락한 양반과 양반신분을 사들인 부자상인을 중심으로 그 당시의 세태를 풍자한 단편소설에 나오는 인형인물들이 길손을 맞이한다. '양반전'을 모르는 사람도 줄거리를 알 수 있도록 그럴싸하게 잘도 꾸며놓았다. 나는 산골에서 자랐지만, 이곳에 재현해 놓은 참나무껍질로 지붕을 덮은 굴피집, 소나무판 지붕의 너와집, 청석맥 돌로 지붕삼은 돌집, 대마껍질을 벗긴 줄기로 이엉을 이은 저릅집, 통나무를 우물정(井)자 모양으로 쌓아 벽을 만든 귀틀집을 본 적이 없다. 집마다 지붕이 독특해서 하룻밤 머물고 싶은 마음이 생기는 데다 한여름에 저릅집, 귀틀집, 굴피집에서 전통가옥체험 민박을 운영한다는 안내판을 읽고 아내와 이용해보자고 뜻을 모은다.

각종 농기구를 제조·수리하는 농기구공방, 서낭당, 통방아, 연자방아, 물레방아 등을 둘러보면서 이곳 사람들의 삶도 짐작하고 추억에도 잠긴다. 농기구공방에 진열해 놓은 대부분의 물건은 자라면서 익히 보던 것이라 조금도 낯설지 않다. 연자방아를 보니 소고삐 잡고 빙빙 돌면서 곡식을 찧던 일이 생각난다. 사람도 소도 제자리만 거듭 맴도는 따분한 일이다. 물레방앗간에서는 옛일이 떠오른다. 나는 6·25전쟁이 휴전되던 해에 충주시 국망산 골짜기에서 물레방아를 처음 보았다. 금가루가 박힌 돌멩이를 확[1)]에 넣고 잘게 부순 뒤, 흐르는 물에 모래는 걸러내고 금가루만 채취하는 방앗간이었다. 내 나이또래 아빠가 방앗간 주인이고 산에 따 먹을 나무열매가 많아서, 여름방학 내내 그 골짜기에서 지내다시피 했다. 그런데 통방아는 처음 본다. 호기심에서 자세히 보니, 물레방아의 날개 대신 통나무에 여물통처럼 홈[2)]을 팠다. 홈에 고이는 물의 무게에 의해 공이[3)]가 위로 올라가면 홈에 고인 물이 쏟아지면서 확에 "쿵"하고 부딪치는 원리로 찧는 방아다. 호젓한 골짜기에서 한가롭게 "쿵더쿵 쿵더쿵" 장단 치던 물레방아와 통방아의 정취에 흠뻑 젖도록 그럴듯하게 잘 꾸며 놓았다. '아라리촌'에 머무는 내내 '정선아리랑'이 들려온다. 두메산골의 삶이 고달파서 청승맞게 신세타령하던 노래라서 들을수록 마음이 젖는다. 절망과 비탄을 넋두리하던 민요가 '으뜸관광 정선'의 길라잡이가 될 줄 그 누가 알았으랴!

점심때가 되어 '아라리촌'을 나와서 조양강을 건너 유명한 정선 5일 장터로 간다. '정선 5일장'이라는 안내판이 눈에 잘 띄어서 아는 길 가듯 쉽게 찾는다. 규모가 아담하고 골목이 좁은 것은 옛 장터와 비슷하지만, 흙바닥과 구불구불하던 골목은 간데없고 포장된 바닥과 곧게 뻗은 골목뿐이다. 음식점 골목으로 들어가서 메밀국수, 메밀부침개, 부꾸미[4)]를 주문한다. 겉보기보다 맛이 구뜰해서[5)] 배불리 먹는다. 장바닥에 전을 벌인 가게마다 봄나물이 수북하다. 산골에서 자란 나물이라 냄새가 진하다. 가까운 사람들에게 더없이 좋은 여행선물이라서 더덕, 씀바귀, 달래, 삶아서 말린 취나물을 비롯해 여러 종류를 푸짐하게 산다. 눈에 보이는 대로 사는 나도, 덤을 듬뿍 얹어주며 파는 아주머니도, 넉넉한 마음과 흐뭇한 마음으로 금세 부자가 된다.

'정선 아리랑'의 발원지요, 뗏목을 엮어 조양강에 띄운 터로 널리 알려진 아우라지로 간다. 송천과 골지천이 만나는 합수머리에 서 있는 정자가 가장 먼저 반긴다. 동글납작한 자갈투성이의 벌판 너머 강 건너 쪽 모래밭에 배 한척이 보인다. 강물 위로 줄은 팽팽하게 매져 있는데, 뭍으로 올라간 빈 배는 비닐이불을 푹 뒤집어쓴 채 깊은 겨울잠에서 깰 줄 모른다. 나는 소년시절에 중앙탑과 목계 사이에 있는 충주시 금가면 하소(荷沼)에서 살았다. 하소는 강원도와 제천을 여울져 흐르던 남한강물이 쉬어가느라고 느릿느릿 흐르는 마을이다. 동산에 세운 정자에서 내려다보면 한자(漢字)가 뜻하는 마을이름대로 강이 늪처럼 넓다. 이곳 아우라지와 하소의 풍경이 비슷해서 그 때 일이 떠오른다. 하소도 강가에 모래밭과 자갈밭이 마주 보고 있어서 어린이 놀이터로는 그만이었다. 강가에서 놀다보면 초여름부터 가을 사이에 이따금 뗏목이 지나갔다. 서울 쪽으로 흘러가던 그 뗏목이 이곳에서 첫출발했다니! 남달리 감회가 깊다.

송천과 골지천에 각각 놓인 섶다리[6]는 어려서 흔히 보던 다리다. 많은 사람이 안전하게 건너도록 모래를 많이 깐 것만 다르다. 여름 장마에 다리가 떠내려가면 초가을에 마을어른들이 소나무를 베어다가 다시 놓곤 하던 모습이 눈에 삼삼하다. 그 시절에는 냇물에 깔린 징검돌을 건너뛰면 놀라서 도망가는 물고기가 많았는데 지금 송천에 깔린 징검다리[7]에서는 물고기가 별로 보이지 않는다. 자갈밭에 아무렇게나 놓인 바위에 뱃줄 잡은 사공에게 당부하는 말을 새긴 글이 매우 인상적이다. 누군가 쌓아올린 돌탑이 여기저기 많은 것으로 보아, 두멧구석[8]이지만 관광지와 여름휴양지로 각광 받는 곳이라고 짐작된다.

산골사람들의 애환이 고스란히 담겨있는 정선아리랑. 두메산골의 삶을 생생히 볼 수 있는 정선. 구석구석 숫진 산골사람의 얼이 살아 숨 쉬고 있어서 오래 머물러도 성에 차지 않는 정선. 빼어난 자연풍경과 광산·임업·산골농업을 바탕으로 이루어진 고유문화를 잘 보존해서, 가고 싶고 머물고 싶은 '으뜸관광 정선'으로 길이 남기를 바라면서 정선을 떠난다.

1) 확 : 절구의 아가리로부터 밑바닥까지 팬 곳.
2) 홈 : 오목하고 길게 패어진 자리.
3) 공이 : 방아 찧는 기구.
4) 부꾸미 : 찹쌀가루·밀가루·수수가루 따위를 반죽하여 번철에 지진 떡.
5) 구뜰하다 : 변변찮은 음식의 맛이 제법 구수하여 먹을 만하다.
6) 섶다리 : 개울 같은 데에 통나무로 다릿발을 세우고 그 위에 잎나무·풋나무·물거리 따위의 섶을 깔아 건널 수 있게 만든 다리.
7) 징검다리 : 개울 같은 데에 돌더미나 흙더미 따위를 드문드문 띄어놓아 그것을 디디고 건널 수 있게 만든 다리.
8) 두멧구석 : 도시에서 멀리 떨어진 구석진 산골의 외진 곳.

정선 동면 봄나들이

●●●

적송과 바위절벽과 시냇물이 연출하는 절경에 넋을 잃는다. 차에서 내리니, 세차게 부는 바람소리와 섭돌에 거세게 부딪치는 여울소리가 깎아지르듯 솟아오른 암벽과 암벽 사이에서 마주울림 되어 골짜기에 가득하다. 응달진 암벽에 켜켜이 얼어붙은 얼음기둥과 골짜기에 쌓인 흰 눈이 적송을 더욱 푸르게 만들어서 매우 아름답다.

대전에서 정선까지 길이 어찌나 시원스럽게 잘 뚫렸는지 나들이할 맛이 절로 난다. 아내와 함께 새벽 5시에 승용차로 대전을 떠났는데 아침 9시에 정선군 동면 화암동굴에 다다른다. 옛날 같으면 덜커덩거리는 길에서 종일 시달린 끝에 파김치가 되고나서야 이를 곳이다. 규정 속도를 지키며 쉬엄쉬엄 달려왔는데도 날아온 듯 빨리 닿았다. 네 시간 동안 줄곧 운전하면 지루할 수도 있지만 나는 즐거웠다. 왜냐하면 충주는 고향이라 자주 다녔고, 천등산은 초등학교시절에 4년 동안 살았고, 제천은 스무 살 안팎에 국가공무원으로 사회첫발을 내디딘 곳이라서 들과 산이 눈에 익기 때문이다. 추억이 알알이 박힌 마을을 지나면서 지금의 모습을 지우고 옛 모습을 되살리니, 함께 놀던 같은 나이또래들의 모습이 또렷이 떠오르고 떠들던 소리가 귀에 쟁쟁하게 들린다. 그래서 나이를 먹으면 지난 일을 되돌아보기 마련인가보다.

경칩이 코앞이라 소소리바람[1)]이 제격이다. 그러나 얼음장 밑으로 살그머니 오던 봄이 올해는 얼음장을 통째로 걷어내고 성큼성큼 걸어와서 날씨가 일찌감치 풀렸다. 정선지방의 마을은 사방이 산으로 둘러싸이고 하늘만 빠끔히 뚫린 것이 특징이다. 뜰을 널찍하게 닦은 화암동굴도 마찬가지다. 아내도 이곳과 비슷한 월악산 기슭에서 자랐으므로 어려서 소 풀 뜯기고 나물 캐던 이야기를 술술 풀어놓는다. 표정이 산뜻하게 밝아서 나도 흐뭇하다.

주차장에서 언덕길을 20분만 걸으면 화암동굴 입구다. 운동 삼아 걸어갈 만한 거리지만 최신형 모노레일카가 설치되어 있어서 승차권을 끊고 올라탄다. 스무 명쯤 타는 차량 두 대를 운행하고 있으므로 한꺼번에 마흔 명쯤 타고 올라갈 수 있지만 오늘은 손님이 별로 없어서 여남은[2)] 사람만 타고 간다. 차를 타는 6분 동안 '정선아리랑'이 은은히 울린다. 앞에는 바위와 나무가 어우러진 절경이 펼쳐지고, 눈 아래로 주차장·음식점 건물·광부들의 삶을 재현해 놓은 금광촌·향토박물관이 그림처럼 한 눈에 들어온다.

화암동굴은 금을 캐던 폐광과 천연종유굴을 관광자원으로 개발한 곳이다. 굴로 들어가니까 맨 먼저 금을 캐던 천포광산 시절의 모습을 꾸민 '역사의 장'과 금맥 따라 파 들어간 동굴이 펼쳐진다. 광부들의 힘든 삶과 금을 채굴하기 위한 고통스러운 작업과정을 볼 수 있다. 도깨비가 버티는 문을 지나면서 금깨비와 은깨비라는 도깨비가 펼치는 '동화의 나라'가 열린다. 어린이가 좋아할 구경거리다. 이어서 돌에 박힌 금을 채취하여 금괴를 만들 때까지의 과정과 금의 사용처 등 금에 대한 것을 보여주는 '금의 세계'가 나온다. 최첨단 자동제어장치, 빛과 음의 효과 등을 이용하여 금에 관련된 인공물을 돋보이게 만든 볼거리가 끝나면서 신비로운 천연종유굴 광장이 펼쳐진다.

굴을 파고 들어가다가 발견했다는 자연동굴에서 수십만 년 동안 자란 기묘하게 생긴 종유석이 눈길을 끈다. 밖에는 나무와 바위와 시냇물이 어우러진 빼어난 풍경이요, 안에는 최첨단 인공물로 꾸민 금의 세계와 찬란한 종유석의 세상이다. 안팎은 물론 같은 굴에서도 최첨단 인공물과 대자연의 신비를 절묘하게 대조시켜서 독특한 관광자원으로 개발한 아이디어가 놀랍다.

음식점에서 바특하게[3] 끓인 된장찌개로 점심을 먹고 향토박물관과 금광촌에 들른다. 힘든 광부들의 삶과 산골문화가 한 눈에 보이도록 애쓴 정성이 구석구석 배어 있다. 금광촌에서 방안을 들여다보고 있는데, 초등학생이 자리틀에 매달린 고드랫돌[4]을 가리키며 엄마에게 묻는다. "엄마, 저게 뭐야?" "메주야." 질문도, 대답도, 짤막하고 머뭇거림도 없다. 자리도 짜고 메주 띄우는 모습도 보면서 자란 아내가 학생엄마에게 메주와 고드래에 대해 말해주니까, "어머, 고드랫돌이에요? 난생 처음 봐요. 고마워요."한다. 이래서 체험학습이 필요하다. 광장에 있는 화장실은 두메산골[5] 화장실이지만 시설이 깔끔해서 놀랍고, 난방이 잘 되어서 놀랍고, 음악이 잔잔히 흐르고 있어서 더 놀랍다. 대도시의 일류호텔 화장실에 비해 조금도 손색이 없다.

가까운 거리에 있는 소금강으로 옮겨간다. 적송의 생김새가 예사롭지 않더니 갑자기 신선이 머물 듯이 보이는 낙원이 열린다. 적송과 바위절벽과 시냇물이 연출하는 절경에 넋을 잃는다. 차에서 내리니, 세차게 부는 바람소리와 섭돌[6]에 거세게 부딪치는 여울소리가 꺄아지르듯 솟아오른 암벽과 암벽 사이에서 마주울림 되어 골짜기에 가득하다. 응달진 암벽에 켜켜이 얼어붙은 얼음기둥과 골짜기에 쌓인 흰 눈이 적송을 더욱 푸르게 만들어서 매우 아름답다. 바람은 싸늘하나 햇발이 따듯해서, 골짜기는 하나지만 북녘에는 한겨울이 꿈쩍없이 버티고 남녘에는 봄이 부스스 기지개켜며 일어난다. 골짜기 물이 하도 맑아서 손을 담그니, 얼음과 눈이 녹은 물이라 금세 손가락이 곱을 듯이 차갑다. 썰매 타고 놀다가 산골짜기 얼음을 깨먹던 어린 시절이 생각나서 엎드려 들이마시니 입속은 차갑고 뱃속은 시원하다.

소금강에서 작은 마을 하나를 지나서 몰운대에 다다른다. 차에서 내려 몰운대로 걸어가는 오솔길에는, 길 쪽으로 허리를 구부려 길손에게 절하는 큰 소나무가 많다. 경관이 너무 아름다워서 구름도 쉬어갔다는 안내판의 글대로, 바닥부터 꼭대기까지 큼지막한 바위 층으로 쌓아올린 몰운대의 절경이 놀랍다. 바위뿐인 바닥에 수 십 그루의 소나무가 용하게 틈바구니를 찾아 뿌리를 내린 것이 신비롭다. 너럭바위[7]를 삶터로 삼은 많은 소나무 중, 자태가 심상찮은 나무 한

그루가 눈에 띈다. 바위가 넓어서 더 좋은 데가 얼마든지 있지만 까마득한 낭떠러지 옆 아슬아슬한 곳에 뿌리내리고 수 백 년을 묵은 나무다. 안타깝게도 목숨을 거둬서 뼈대만 덩그렇게 남아 있다. 굽이치는 강물 쪽으로 앙상한 가지를 힘없이 늘어뜨리고 있는 모습이 안쓰럽다.

폐광을 관광자원으로 살린 아이디어가 돋보이는 화암동굴. 깊은 땅속에 수십만 년 감춘 보석을 드러내고 손님을 맞이하는 화암자연동굴. 태고의 순결과 빼어난 자태를 뽐내는 소금강과 몰운대. 겨울을 걷고 봄에 맞춰 새롭게 연주하는 대자연처럼 힘겹던 밭농사, 목재, 광산, 약초 중심의 두메산골산업에서 관광산업으로 새 시대를 열어가는 정선. 축복 받은 땅으로 활기차게 탈바꿈하는 '으뜸여행 정선'에 오길 잘 했다고 생각하며 예약한 숙소로 간다.

1) 소소리바람 : 이른 봄의 맵고 스산한 바람.
2) 여남은 : 열 가량이 좀 더 되는.
3) 바특하다 : [음식의] 국물이 훙건하지 않고 톡톡하다.
4) 고드랫돌 : 발이나 돗자리 따위를 엮을 때, 날을 감아 매는 돌.
5) 두메산골 : (도시에서 멀리 떨어져 있는) 외지고 깊은 산골.
6) 섭돌 : 생김새가 둥글지 못하고 모지고 날카로운 돌.
7) 너럭바위 : 넓고 평평한 바위.

손바닥에 들어앉은 세계

지정된 다다미방으로 들어가니까 어떤 할아버지가 아무 말 없이 침구(寢具)와 생활용품을 깨끗이 정리하고 있다. 손님맞이 준비를 정성껏 마무리한 뒤 무릎을 꿇고 공손히 절하고 조용히 나간다.

평소 새벽 2시면 으레 눈떠서 운동하지만 공교롭게 오늘 따라 꼬빡 잠이 들어 버스를 놓치면 모처럼 아내와 떠나는 일본여행은 죽을 쑤므로[1] 긴장이 되어 밤새 뒤척거리다가 한잠도 못 이룬다. 새벽에 일찌감치 집을 나서야 대전정부청사 정거장에서 인천공항으로 가는 첫차를 탈 수 있다. 이번 아이누의 땅, 북해도여행은 나를 포함한 중학교 동기동창 8명의 부부 16명에다 일행 중에 아들 1명, 여행사 사장 가족 4명, 여행안내원 1명 등 모두 22명이 한 팀이다. 3박 4일(2007년 8월 7일~10일)의 짧은 여행이라 가붓한 여행 가방 하나만 들고 대전에서 새벽 3시 50분에 출발하는 고속버스를 탄다. 잠을 청하려고 눈을 감지만 마음뿐, 정신은 말똥말똥하다. 대전부터 공항에 닿을 때까지 부슬비가 오락가락한다. 6시 25분에 인천공항에 도착하여 입국수속을 밟고 7시 45분에 출국게이트를 거쳐 지정좌석에 앉는다.

비행기가 8시 20분에 움직이더니 10분 뒤에 땅을 박차고 날아오른다. 나를 실은 400석 안팎의 보잉747점보여객기는 평균시속 980㎞, 고도 11㎞ 안팎을 유지하며 하늘 길을 달린다. 날씨가 궂어서 아래위에 구름뿐이다. 구름을 달리면 신선(神仙)이 된 듯 야릇한 맛에 달뜨겠지만[2)], 오히려 갑갑하다. 구름길을 2시간 20분쯤 날아가서 10시 45분에 신치토세(新千歲, New Chitose Airport)공항에 사뿐히 내려앉는다.

입국수속을 밟는데 일하는 사람들이 우리나라와 영 딴판이다. 우리나라 공항 입국심사대에서는 주로 젊은이들이 업무를 도맡는데 이곳에서는 나이가 지긋한 분이 많다. 흐린 날씨 속에 안내원의 말에 따라 3박 4일 동안 우리가 사용할 버스를 타고 공항을 벗어나서 시라오이(白老) 포로토코탄(아이누민족마을)으로 간다. 포로토코탄은 아이누족의 생활문화를 재현해 놓은 곳이다. '아이누'는 사람을 뜻하는 아이누 말인데 아이누족은 북해도, 동북지방 북부, 사할린 남부, 치시마 열도에 걸쳐 살았던 사람들이다. 입구에서 검은 빛깔의 매우 큰 코탄콜클(촌장동상)이 우리를 맞는다. 포로토코탄은 '큰 호수마을'이란 뜻인데 '포로'는 '큰(大)', '토'는 '호수', '코탄'은 '마을'이라는 아이누 말이다. 포로토코탄에는 '포로토'답게 '큰 호수'가 있고, 아이누민족박물관, 전통가옥인 포로치세(큰집), 사웅치세(앞집), 오투타누치세(옆집), 마쿤치세(뒷집) 등을 만들어 놓았다. 아이누족은 곰을 섬겼으므로 공원에 곰 상(像)과 곰 사육장도 있다.

민족공연장에서 '이오만테림세'라는 곰의 넋을 보내는 춤, 대나무로 만든 '뭇쿠리'라는 전통악기를 입으로 외줄을 튕기며 연주하는 소리, 앉아서 여럿이 부르는 '우포뽀'라는 노래, '이훈케'라는 자장가 등을 보고 들으며 쉰다. 천장에는 훈제된 연어들이 매달려 있고, 마룻바닥 가운데에 지핀 모닥불에서는 연기가 모락모락 피어오른다. 젊은 촌장이 그들의 전통생활을 한국말을 섞어가며 우스꽝스럽게 설명한다. 공연이 끝난 뒤, 넓은 호숫가 잔디밭에서 일행과 잠시 한가한 시간을 갖는다.

볼거리는 많지만 1시간 동안 머문 뒤, 일본의 전국시대(1477~1573) 말에서 에도시대(1603~1868) 초에 걸친 풍속과 문화를 볼 수 있는 지다이무라로 옮겨가서 역시 1시간 동안 둘러본다. 정문입구에서 사무라이 차림새를 한 젊은이들이 손님을 맞이한다. 이 마을에는 사무라이시대의 서민문화를 중심으로 생활문화를 볼 수 있도록 꾸민 여러 채의 집이 있다. 1960년대까지 우리나라 파출소에 설치된 전망대와 비슷한 화재감시 전망대가 인상적이다. 귀신처럼 따라붙으며 '다이묘'를 호위하는 '닌자'상이 있는 집, 전통문화극장에서 기생들이 펼치는 희극(喜劇), 귀신 나오는 집, 지진 울리는 집 등 테마별로 볼거리를 만들어 놓고 관광손님의 발길을 끈다.

오후 4시 30분쯤 첫날밤에 묵을 노보리베츠의 '다키모토관'에 든다. 첩첩산중에 있는 지옥계곡 바로 아래에 지은 149년 전통의 호텔이라서 건물안팎이 온통 유황냄새로 가득하다. 노보리베츠는 '하얗고 짙은 색의 강'이라는 뜻의 아이누 말이다. 지정된 다다미방으로 들어가니까 어떤 할아버지가 아무 말 없이 침구(寢具)와 생활용품을 깨끗이 정리하고 있다. 손님맞이 준비를 정성껏 마무리한 뒤 무릎을 꿇고 공손히 절하고 조용히 나간다.

아침 일찍 대전을 떠나 일본 북해도에서 시라오이(白老) 포로토코탄과 지다이무라를 관광하고 노보리베츠에서 짐을 풀고 온천욕을 즐기니 세계가 손바닥에 들어앉은 것이 실감난다. 유황냄새가 코를 찌르는 온천욕탕에 중학교 동기동창 8명이 옹기종기 들어앉아 중학교 시절로 돌아가서 그 때 벌어진 일을 낱낱이 들춰서 끝없이 펴 올린다.

1) 죽을 쑤다 : 손해를 크게 보다.
2) 달뜨다 : 마음이 가라앉지 아니하고 들썽들썽하다.

바람직한 노령사회

노인의 일거리는 대부분 육체적으로 고달프거나 젊은이가 하기 싫어하는 궂은일이다. 도시에서는 공원이나 하천 청소, 아파트나 큰 건물의 청소 · 경비 등의 단순노동이 대부분이고, 젊은이가 떠난 농촌에서는 전통방식으로 힘겹게 농어촌 일을 하는 것이 고작이다. 그래서 '버리는 젊은이에 줍는 노인' 또는 '힘들고 궂은일이나 도맡는 일벌레'로 비쳐져서 노인을 업신여기는 풍조마저 생긴다.

일본 북해도 노보리베츠에서 하룻밤을 묵었지만 하늘은 어제처럼 매지구름[1)]으로 덮여 있다. 아침을 먹고 다키모토호텔 바로 뒤에서 화산연기를 내뿜는 지옥계곡으로 올라간다. 하루 1만 톤의 자연용출량을 자랑하는 노보리베츠(登別)는 규슈의 벳푸, 하꼬네의 아타미와 함께 일본 3대 온천중에 하나로 손꼽힌다. 이 온천에는 피부가 나빠서 자살하려던 아이누 처녀의 전설이 살아 있다. 그 처녀는 자살 직전 꿈에 염라대왕의 말을 듣고 이 온천에서 몸을 씻은 뒤 나았다. 염라대왕을 사모한 나머지 이룰 수 없는 사랑 때문에 결국 자살하고, 염라대왕은 이를 어여삐 여겨 1년에 한 번씩 저승에서 그 처녀와 만난다는 이야기다.

지옥계곡을 떠나 화산활동의 흔적을 볼 수 있는 우수산(有珠山)으로 이동한다. 고속도로의 톨게이트에서 통행요금을 받는 사람은 우리나라와 달리 나이가 지긋한 남자다. 톨게이트를 지나 2000년 3월 31일에 불을 내뿜어서 그 때 세 개의 마을을 집어삼켰다는 니시야마 화구로 간다. 부슬비를 맞으며 버스에서 내리니까 달걀, 옥수수, 호박 등을 쪄서 파는 노점상에서 비닐우산을 필요한 대로 쓰라고 여러 개를 빌려준다. 분화구로 올라가는데 부슬비가 작달비[2]로 바뀐다. 우산을 썼지만 거센 비바람에 너남 없이 금세 '물에 빠진 생쥐[3]'가 된다. 관광보도 옆으로 갈라지고 들뜬 아스팔트길과 힘없이 주저앉은 전신주와 뼈대만 앙상하게 남은 나무들이 그 당시의 참혹상을 말해준다. 언덕에 오르니 작달비에도 아랑곳하지 않고 화구에서 하얀 연기가 솟아오르고, 화산작용으로 움푹 꺼진 곳에 물이 괸 웅덩이가 바로 앞에 있다.

대전에서 미리 니시야마 화구 언저리에는 아스팔트길이 화산활동으로 내려앉아 가로등과 전신주가 물에 잠긴 곳도 있고, 작은 호수를 이룬 곳도 있다는 글과 사진을 보았다. 자연도 상처 입은 부끄러운 모습은 보여주기 싫은지 빗줄기가 더욱 거세진다. 연기를 뿜는 산을 돌아볼 수 있도록 길을 만들었다고 안내판에 적혀있지만 비가 그칠 기미를 보이지 않아 그냥 되돌아간다. 버스를 타기 전에 노점상에서 옥수수와 달걀을 사서 먹으며 우산 빌린 값을 톡톡히 치른다.

호수 동남쪽에 있는 쇼와신산(昭和新山)으로 간다. 1943년에 보리밭이던 땅이 꿈틀거리면서 치솟기 시작하여 지금은 해발 430m까지 자란 민둥산으로 바뀌고도 연기를 내뿜으며 자꾸 높아진다는 산이다. 화구(火口)의 표면온도는 섭씨 300도라지만 비가 내리는데다 멀리서 바라보니까 실감이 나지 않는다. 이 산은 서쪽에 있는 우스산(有珠山, 737m)의 기생활화산이라고 안내원이 설명한다. 비는 줄기차게 내리지만 프로그램대로 로프웨이(케이블카)를 타고 우수산에 오른다. 로프웨이에서 내려 꼭대기로 가는 도로 양옆에 잘 가꾼 수풀이 아름답다. 꼭대기에 오르니 분화연기가 솟아오른다. 이곳은 도야호수가 한 눈에 보이는 관광 포인트지만, 자연이 된통[4)] 심술을 부려서 자욱한 안개와 빗줄기만 보인다. 로프웨이를 타기 전에 내려다보니, 건너뛰면 쇼와신산 분화구의 언저리에 닿을 듯 바로 아래에서 연기가 솟는다. 높은 우수산이 나지막한 쇼와신산을 옆구리에 끼고 있어서 기생화산인지 알 수 없다.

도야호(洞爺湖)에도 비가 내린다. 도야호는 화산의 분화로 낮아진 곳에 물이 고인 칼데라 호수다. 안내판이 이 호수는 해발 83m, 동서 11㎞, 남북 9㎞, 둘레 43㎞, 총면적 79㎢, 평균수심(水深) 116m, 최고수심 179m라고 알려준다. 유람선을 타고 호수 가운데에 모여 있는 네 개의 섬인 승천도(升天島), 관음도(觀音島), 대도(大島), 만주도(-島)로 간다. 유람선 손님들로부터 먹이를 얻어먹는데 이골난[5)] 갈매기들이 뱃전 가까이 날아와서 과자를 던져주는 족족 잘 받아먹는다. 네 개의 섬 중에서 가장 큰 대도(456m)에는 삼림(森林)박물관도 있고 잠시 머물면서 사슴에게 먹이도 주고 삼림욕도 즐길 수 있다고 안내원이 말한다. 그러나 비가 억수같이 퍼부어서 내릴 엄두가 나지 않아 그냥 지나간다. 북쪽에 만년설로 덮인 요테이산(에조후지, 羊蹄山 1893m)의 경치도 아름답다지만 비가 내려서 보이지 않는다. 유람선을 내릴 때쯤 빗줄기는 가늘어졌지만 비 맞고 구경하러 다니느니 호텔에서 쉬는 편이 더 낫겠다는 많은 사람의 뜻에 따라 둘째 날 묵을 '선 팰리스'호텔에 든다. 이 호텔은 도야호숫가에 있는 데다 우리에게 6층 방이 배정되어서 전망은 좋지만 빗줄기가 굵어서 관광 범위가 확 줄어든다.

짐을 풀고 어제처럼 일행과 함께 욕탕으로 간다. 넓은 수영장도 있지만 우리일행은 온천욕으로 흐뭇하다. 일본대중탕이 우리나라 대중탕과 다른 점은 남탕과 여탕이 날마다 바뀌는 점이다. 남녀혼탕으로 쓰던 이들의 전통영향도 있겠지만 하나의 노천탕을 남녀가 번갈아 사용하도록 운영해서 손님의 호기심을 유발하려는 관광 아이디어로 생각된다. 목욕을 하고 지하 1층에 있는 식당에서 대게와 연어를 안주로 권커니 작(酌)커니[6] 술에 우정을 타서 거나하게 취하도록 마신다. 비가 내리는데도 오후 8시 45분쯤 불꽃놀이(하나비)가 시작된다. 호텔잔디밭에 질편하게[7] 앉아 불꽃놀이를 바라보며 "하하, 허허" 속에 학창시절 이야기보따리를 푸짐하게 풀어놓는다.

공항입국심사대, 고속도로 톨게이트, 버스, 호텔 등에서 밝은 표정으로 일하는 깔끔한 차림새의 일본 노인모습을 떠올리며 바람직한 노령사회를 생각해 본다. 현재 우리나라에서 노인의 일거리는 대부분 육체적으로 고달프거나 젊은이가 하기 싫어하는 궂은일이다. 도시에서는 공원이나 하천 청소, 아파트나 큰 건물의 청소·경비 등의 단순노동이 대부분이고, 젊은이가 떠난 농촌에서는 전통방식으로 힘겹게 농어촌 일을 하는 것이 고작이다. 그래서 '버리는 젊은이에 줍는 노인' 또는 '힘들고 궂은일이나 도맡는 일벌레'로 비쳐져서 노인을 업신여기는 풍조마저 생긴다. 출생률이 낮고 평균수명이 급격히 길어지는 우리나라도 하루빨리 일본처럼 능력 있고 튼튼한 많은 노인이 깔끔한 차림새로 여러 분야에서 일을 처리하는 모습으로 탈바꿈하기를 기대해본다. 어두운 하늘에 고운 무늬를 수놓는 불꽃을 바라보며 바람직한 노령사회가 하루빨리 뿌리내려서 많은 노인이 밝은 마음으로 아름답게 살아가는 복지사회를 그려본다.

1) 매지구름 : 비를 머금은 검은 조각구름.
2) 작달비 : 굵고 거세게 퍼붓는 비.
3) 물에 빠진 생쥐 : 물이나 비에 흠뻑 젖어 몰골이 몹시 초췌해진 모양을 이르는 말.
4) 된통 : 몹시. 되게. 되우.
5) 이골나다 : 어떤 방면에 아주 익숙해지다.
6) 권커니 작(酌)커니 : ['권하거나 마시거나'의 뜻으로] '술을 서로 권하기도 하고 마시기도 하면서 술자리가 오래 계속되는 모양'을 이르는 말.
7) 질펀하다 : 퍼더버리고 주저앉아 있는 모습이 아주 게으르다.

묵은 솔이 관솔

막연히 짝을 그리는 사춘기시절에는 누구나 열정적 문학가라면, 회갑고개를 넘으면 누구나 뚜렷하게 잡힌 나이테에 어울리게 원숙한 철학가다. 사춘기에는 꿈을 이루려는 정열로 뜨겁다면, 회갑고개를 넘으면 상대를 배려하는 양보의 여유가 향기롭다.

중학교 동기동창 8명이 부부동반으로 일본 북해도의 노보리벳츠, 도야호(洞爺湖), 오타루(小樽)를 관광하고 엊저녁에 '조산케이(定山溪) 뷰 호텔'에서 묵고 있다. 1960년대 초반에 공부하던 시절처럼 며칠이나마 휴대전화, 인터넷 등의 통신기기에서 벗어나니까 아주 홀가분하다. 게다가 서로 아끼는 벗끼리 다니는 여행인지라 마음이 포근하다. 대부분 머리털이 은빛으로 바뀌어가는 벗들과 경치 좋은 숲과 호수를 누비고, 아침저녁으로 온천에 몸 담그고, 새벽마다 맑은 공기 들여 마시니 신선놀음이 따로 없다. 조산케이는 관광산업이 발달한 조그만 산골마을이다. 아내가 잠든 호텔방을 새벽 4시쯤 빠져나와 오르내리막이 완만한 산길을 오롯이[1] 달려간다. 깊은 산골인데다 꼭두새벽이라 오가는 사람도, 자동차도, 없어서 고즈넉하기[2] 짝이 없다.

힘차게 달리는 호젓한 산길에 는개[3)]가 내려 길바닥을 촉촉이 적신다. 빨리 달릴수록 숲에 천만년 머무는 맑은 바람이 몸속 깊이 들어온다. 기분이 좋아서 마구 내달리지만 성에 차지 않는다. 산의 정기를 듬뿍 머금은 바람이 몸에 부딪혀서 살랑거린다. 신선이 마시는 맑은 공기를 맘껏 들이키는 특권은 어디서든 일찍 일어나서 내달리는 사람만 챙길 수 있는 몫이다.

새벽 4시 30분 안팎이면 대전은 깜깜하지만 이곳 조산케이 마을 언저리는 우리나라보다 훨씬 동쪽에다 북쪽이라 날이 훤히 샌지 이미 오래다. 날줄[4)]이 대전과 별로 다르지 않아 시차(時差)가 없어서 갓밝이[5)]가 30분 안팎 빠르다. 이곳도 우리나라처럼 한여름이지만 씨줄[6)]이 대전보다 훨씬 더 북쪽이라 23℃에서 비가 내리지만 아침바람이 서늘하다. 북해도는 메마른 기후와 거친 땅이 특징이다. 그러나 공교롭게도 이곳에서 머무는 3박 4일(2007년 8월 7일~10일) 동안 날마다 비가 오락가락한다. 산골이지만 길옆에 널찍하고 깨끗한 잔디운동장을 마련한 마을문화가 돋보인다. 화장문화(火葬文化)가 뿌리를 잘 내려서 무덤이 없으니까 푸른 숲에 생기가 더욱 넘친다. 골짜기 물이 가까워도 소리만 들릴 뿐 계곡은 풀숲으로 완전히 가려졌고, 수풀이 우거져서 닦아놓은 길 외에는 한 발짝도 내디딜 엄두조차 낼 수 없다. 무덤이 많은 우리나라 산과 견주어지면서 장묘문화(葬墓文化)에 대해 생각한다.

우리나라의 장묘문화는 조상 섬기기를 으뜸으로 여기는 유교전통에 의해 원시적 농경시대에 형성된 문화다. 그 시절에는 인구밀도가 적어서 부모의 봉분을 크게 만들고 자자손손 조상의 공덕과 은덕을 기리는 문화가 뿌리내리는 것이 바람직했다. 그런데 인구밀도가 매우 높은 요즘까지 미풍양속으로 남아 해마다 여의도 면적의 1.5배 이상이 묘지로 조성되고 있다. 이 풍습이 그대로 이어진다면 강산이 많이 훼손되고 머지않아 커다란 사회문제를 일으킬 것이 뻔하다. 옛날 지배계급의 화려한 무덤은 고분의 형식과 껴묻거리[7]를 고스란히 보관했다가 후세에 그 시대의 문화를 알리는 공헌도 하지만 매장문화는 폐해가 크므로 하루빨리 바뀌어야 한다. 부모공경·효도·제사·경로사상 등과 가족·이웃·벗 사이에 오가는 따뜻한 사랑, 두터운 믿음, 훈훈한 인심 등은 산과 들을 결딴내지 않으므로 오랫동안 지켜질수록 아름답고 자랑스러운 정신문화다. 이들은 많은 인력을 요구하는 원시적 농경사회에서 대가족을 이루며 옹기종기 살던 시절에 만들어진 전통문화다. 농경사회가 기계중심의 산업사회를 거쳐 지식정보화 사회로 발전하는 동안 시대에 맞지 않는 일부 형식적 정신문화는 미련 없이 걷어냈다. 그런 우리가 들과 산을 생채기[8]내고 오랜 세월에 걸쳐 산소를 지극정성으로 돌보는 장묘문화는 그대로 간직하고 있으니 그 까닭이 알쏭달쏭하다.

우리나라에서 8월 10일쯤 어두운 숲을 달리면 귀뚜라미를 비롯한 온갖 풀벌레 소리가 풀숲을 메우고 갓밝이가 시작되면 매미소리가 보태진다. 그런데 이곳은 날이 어두우나 밝으나 풀벌레소리는 들리지 않고 달리는 내 발소리와 밤새 내린 비로 골짜기마다 조잘거리는 물소리만 요란하다. 눈이 많은 추운지방이라서 매미나 귀뚜라미가 살지 못한다면 다른 풀벌레 소리라도 들릴 텐데 그것도 아니다. 새벽잠을 깬 작은 새 소리가 요란하고, 이따금 매우 큰 까마귀가 괴이하게 우짖는다. 몸만 겨우 빠져나갈 만한 비좁은 숲길로 접어든다. 거미줄이 몸에 걸리지만 우리나라 숲길보다 훨씬 적다. 비가 내려서인지 날벌레도 거의 없다. 길옆은 작달막한 대나무가 큰 나무 사이에 꽉 들어찼고 그 뒤로 개미취를 비롯하여 이름 모르는 들풀과 들꽃이 가득하다. 새소리만 요란한 조붓한 길에 너구리 한 마리가 사람 발소리에 놀라 숲으로 사라진다. 50분쯤 달렸으니 10㎞는 족히 달려왔을 터, 이제 방향을 바꿔 호텔 쪽으로 달려야 오늘 프로그램 진행에 차질이 없다. 집 한 채 없는 깊은 산속이라 오가는 사람이 거의 없을 텐데 길 가에 모인 비닐봉지와 비닐 병 등의 쓰레기가 치워줄 손길을 기다리고 있다. 일본 사람들은 쓰레기를 함부로 버리지 않아서 산골이든, 시골이든, 도시든, 대체로 깨끗하다.

다른 사람이 넘는 줄 알았던 회갑고개를 훌쩍 넘고 뒤돌아보니 젊은 시절 내내 무언가를 이루려고 몸부림친 흔적만 보인다. 여행도 삶터를 중심으로 부부, 직장동료 또는 친목회원과 다닌 것이 고작이다. 어린 시절 고운 추억을 가슴에 묻고 지내다가 정보통신시대를 맞아 웹에 카페를 만들고 시공(時空)을 넘나들며 날마다 동기동창과 만나더니 이렇게 아날로그 세상에서 만나 아기자기하게 지내는 큼지막한 열매를 맺을 줄이야! 뒤늦게 중학교 시절 벗들과 부부여행을 함께 하니까 사춘기 때와 분위기가 확연히 다르다. 막연히 짝을 그리는 사춘기시절에는 누구나 열정적 문학가라면, 회갑고개를 넘으면 누구나 뚜렷하게 잡힌 나이테에 어울리게 원숙한 철학가다. 사춘기에는 꿈을 이루려는 정열로 뜨겁다면, 회갑고개를 넘으면 상대를 배려하는 양보의 여유가 향기롭다. 사춘기시절에는 남보다 앞서려고 다투는데, 회갑고개를 넘으면 먼저 베풀려고 다툰다.

삶터와 일터는 다르지만 동기동창이라는 공통점에서 옛날이 생생하게 살아 숨 쉬면서 날마다 동심으로 돌아간다. 아침저녁으로 목욕탕에서 만나 개구지게 정담을 나누고, 밤중에 술잔에 정을 듬뿍 담아 주고받으니 시간마저 즐거워서 춤을 춘다. 함께 공부하며 미래에 도전하던 반세기 전 추억의 바탕에 우정이 새로 싹튼다. 세월은 벗에 따라 일터를 떠나도록 만들고, 머리숱을 솎아내고, 약을 끼니처럼 챙기게 하고, 배에 나잇살을 잔뜩 둘러치게 만들었다. 튼튼하던 몸은 많이 약해졌지만 옛 시절을 기억하고 애틋하게 여기는 마음은 더욱 보태져서 정겨움이 넘친다. 묵은 솔이 관솔이듯 늙어갈수록 서로 아끼는 마음이 활활 타올라서 분위기가 밝다.

먼 길을 달린 뒤끝이라 몸을 식히려고 호텔 앞에서 큰 개울을 바라본다. 희끗희끗한 섭돌[9]도 널려있지만 개울바닥이 우리나라처럼 하얗지 않고 화산재 땅이라 새까맣다. 파란 하늘도 땅위 세상이 궁금해서 구름을 살며시 밀고 내려다본다. 잿빛구름 사이로 보일 듯 말 듯 살짝 드러난 파란 하늘에 무지개꿈을 그리며 함께 공부하던 중학교시절 벗들이 들어앉아 있다. 그 속으로 뛰어들면서 천진난만하게 웃는다.

1) 오롯이 : 고요하고 쓸쓸하게.

2) 고즈넉하다 : 잠잠하고 호젓하다.
3) 는개 : 안개보다 조금 굵게 오는 비.
4) 날줄 : 지구의 양극을 세로로 연결한 가상적인 선. 날금. 자오선(子午線). 경선(経線). 경도선(経度線).
5) 갓밝이 : 날이 막 밝을 무렵. 여명(黎明).
6) 씨줄 : 위도를 나타내는 가상의 선. 씨금. 위선(緯線).
7) 껴묻거리 : 죽은 이를 묻을 때 시체와 함께 묻는 물건. 부장품(副葬品).
8) 생채기 : 손톱 따위로 긁히거나 할퀴어져 생긴 상처.
9) 섭돌 : 생김새가 둥글지 못하고 모지고 날카로운 돌.

행복한 노령에 필요한 벗

●●●

오타루는 청어배가 많이 드나들면서 번영한 항구다. 청어를 나르려고 운하도 만들었다. 중국항주(中國杭州)에서 새벽에 두 발로 달리면서 본 운하와 생김새가 비슷하다. 항주는 주변에 녹지를 많이 마련해서 공원을 꾸몄는데 여기는 그만큼 아름답지 못하다.

사일로 전망대에서 북해도청까지

북해도에서 중학교시절 벗들과 보낸 2007년 8월 8일의 짧은 밤이 지나서 여행으로 찌뿌드드한 몸을 풀려고 호텔 밖으로 나선다. 어제처럼 비가 오락가락한다. 도로에 씽씽 내달리는 자동차가 많아 맘 놓고 달릴 수가 없어서 마냥 걷는다. 섭씨 22도지만 습도가 높아 금세 땀이 흐른다. '거친 땅에 메마른 기후'가 특징이라는 북해도와 영 딴판으로 비가 날마다 내린다.

아침 8시쯤 호텔을 떠나 '사일로(silo) 전망대'로 간다. 원래는 겨울용 가축사료를 저장하는 둥근 모양의 창고가 있는 곳이지만 지금은 도야호수가 한눈에 들어와서 전망대로 바뀐 곳이다. 붉은 벽돌색의 사일로에 '도야호 전망대'라고 쓴 큰 광고글씨가 눈에 띈다. 우리가 묵은 '선 팰리스'호텔이 호수 건너편에 흐릿하게 보인다. 화산연기를 내뿜는 우수산도 보인다지만 날씨가 흐려서 보이지 않는다.

삿포로로 이동하다가 약수터인 후키다시('솟아오른다.'는 뜻)에 들른다. 백년설수(百年雪水)라서 물맛도 좋고 몹시 차다. 바위와 조약돌이 많은 개울과 약수터를 관광코스로 개발한 일본사람과 와이토모동굴의 벌레를 관광자원으로 개발한 뉴질랜드 사람의 아이디어가 놀랍다. 건강에 별로 도움이 되지 않지만 병에 들어 있는 물을 버리고 설수로 가득 채우면서 그냥 웃는다.

버스로 오랫동안 이동하여 인구 14만의 도시인 오타루(小樽)에서 내린다. 비가 내린 뒤라 찜통더위가 기승을 부린다. 오타루는 청어배가 많이 드나들면서 번영한 항구다. 청어를 나르려고 운하도 만들었다. 중국항주(中國杭州)에서 새벽에 두 발로 달리면서 본 운하와 생김새가 비슷하다. 항주는 주변에 녹지를 많이 마련해서 공원을 꾸몄는데 여기는 그만큼 아름답지 못하다. 운하 언저리에 즐비한 옛날 청어저장 창고는 내부를 손질해서 특색이 있는 음식점으로 바꾸었다고 안내원이 말한다.

유리공예품을 다루는 가게가 많고, 10만 종류가 넘는 유리 제품이 전시되어 있는 기타이치 가라스 공방거리(北一硝子)로 간다. 더위를 식히면서 커피를 한 잔 마시고 값을 치르니까 잔은 기념으로 가져가란다. 여기서 지불한 돈이 '커피 값인지, 잔 값인지' 알쏭달쏭하다. 이래저래 여행은 즐겁고 아름답다. 우리내외는 상점을 돌아다니며 손녀선물을 고르다가 음성을 기억했다가 되풀이하는 부엉이 인형을 산다. 그래도 체류시간이 많이 남아서 모처럼 빵집에 들러 오붓하게 보낸다.

북해도 지명(地名)의 80%는 아이누 말이라고 버스에서 안내원이 설명한다. 삿포로의 '삿'은 '거칠다'고, '포로'는 '넓은 땅'이므로 삿포로는 '거칠고 넓은 땅'이라는 뜻이다. 또는 '오랫동안 메마른 강바닥'이라고도 해석한다. 북해도의 전체인구는 565만 명이고 삿포로는 184만 명이다. 북해도 주민은 북해도의 모양을 금붕어로 생각하는데 머리는 동쪽, 등지느러미는 북쪽, 꼬리는 우리나라 동해인 서쪽이란다. 버스에서 내린 곳은 북해도청 구본청사(北海道廳 舊本廳舍)다. 1888년에 미국 보스턴에 있는 매사추세츠 주 의사당을 본떠 만든 이 건물은 250만개의 붉은 벽돌로 지은 네오바로크 양식이다. 지금은 '북해도립 문서관'으로 과거 북해도개척시대의 공문서와 자료 등을 19만점 이상 보관해서 전시한다. 이 건물 뒤쪽으로 높은 북해도청 새 건물이 있지만 관광손님은 구본청사의 고풍스런 건물내부만 둘러본다. 건물 밖으로 나오니까 줄기차게 비가 내린다. 우리가 타고 다니는 버스기사가 나이는 많지만 눈치가 빠르고 친절해서 비닐우산을 잔뜩 사서 한 아름 안고 달려온다.

오오도리공원에서 귀국길까지

다시 내린 곳은 삿포로 중심지인 오오도리 공원(大通公園)의 동쪽 끝에 있는 'TV탑' 근처다. 도심 속에 길이 1.5㎞, 폭 65~105미터를 차지하고 시민의 쾌적한 쉼터로 자리 잡은 오오도리 공원은 애초에[1)]

1869년 개척회사의 소유지와 남쪽의 민간지역 사이를 분리하는 방화선으로 만든 공터란다. 파리의 에펠탑을 닮은 'TV탑'은 1957년에 완성하였고 최대 높이는 147.2미터, 전망대 높이는 지상 90미터라고 한다. 전망대에서 삿포로가 한눈에 보인다지만 모두 관심이 없어서 1시간 뒤에 만나기로 하고 뿔뿔이 헤어진다. 오오도리 공원에서 데이트하는 내외도 있지만 대부분 남쪽에 있는 마루이마치 백화점으로 들어간다. 우리 내외는 일본여행 기념으로 하모니카를 사려고 가장 큰 악기점을 물어물어 찾아간다. 영어회화가 통하는 두 팀의 대학생을 만나서 손쉽게 찾았는데 부지런히 걸어도 15분쯤 걸리는 곳의 복잡한 시장 안에 있다. 하모니카를 빨리 사고 약속시간에 버스를 탄다. 가까이 있는 삿포로 시계탑은 삿포로의 얼굴로 100년 이상 맑은 종소리를 시민에게 선사한다지만 '금강산도 식후경'이니 빨리 목욕하고 저녁이나 먹자는 다수의견에 따라 조산케이(定山溪)뷰 호텔로 간다.

방에 짐을 풀고 온천욕장으로 가려고 '유카타[2)]'를 찾으니 옷장에 6벌이나 들어 있다. 그런데 허리띠인 '오비'는 하나도 없다. '오비'라는 일본말을 몰라 프런트(front)에 영어로 '유카타용 벨트가 없다.'고 전화하였다. "유카타는 벨트를 매지 않는 옷이니 그냥 입으세요."하고 대답한다. 아내가 일본 아주머니를 불러와서 손짓으로 오비가 없다고 가리키자 허리 굽혀 사과하고 곧 가져온다. 아주머니에게 '오비'라는 낱말을 배워서 다시 프런트에 전화하니까 곧 보내주겠단다. 그런데 '유카타 벨트'라는 말을 처음 들어서 못 알아들었는지, 알아들고도 일부러 그랬는지, 아리송하다.

온천욕을 끝내고 호텔 3층에 방을 마련하여 저녁을 먹고 노래방기계를 들여 놓고 부부노래자랑을 벌인다. 만만찮은 사회적 지위나 명예로 볼 때 점잖게 자리나 지킬 벗들로 생각했는데 노래잔치가 벌어지니 그게 아니다. 언제·어디서, 어떻게 익힌 솜씨인지 내외마다 특색이 있다. 내외간에 특이하게 노래할 때는 구경하는 사람마다 웃음과 놀라움으로 입이 벌어진다. 나중에 벗이 생각나면 부부끼리 열성적으로 노래하던 모습이 먼저 떠오를 만큼 즐거운 시간이 흐른다.

고향으로 돌아가는 날, 아침을 먹고 1878년에 세웠다는 삿포로 맥주공장에 들른다. 맥주든, 음료수든, 들고 가지는 말고 맘껏 마시고 가라는 안내원의 말을 듣고 뱃속이 출렁거리도록 마시니까 흔들거린다. 술에 취해 다리가 흔들거리는지, 이들의 빼어난 상혼(商魂)에 고개가 절레절레 흔들려서 흔들거리는지 알쏭알쏭[3)]한 채 예약한 비행기를 타려고 공항으로 간다.

비행기에 앉아 이번 여행을 생각한다. 늘그막에 행복하려면 튼튼한 몸, 정다운 짝꿍, 쪼들리지 않을 만큼의 돈, 적당한 일거리, 가까운 벗을 갖춰야 한다. 이번 여행은 훼손되지 않은 자연에서 날마다 온천욕하며 즐겁게 보냈으므로 벗마다 행복한 추억으로 가슴에 깊이 아로새겨졌을 것이다.

1) 애초에 : 맨 처음에. 처음부터.

2) 유카타 : (일본인의) 잠옷.
3) 알쏭알쏭 : 생각이 자꾸 헛갈리어 알 듯 알 듯 하면서도 알아지지 않는 모양.

항주 인상서호 쇼가 전하는 메시지

연잎사귀로 싸서 만든 거지닭은 쫄깃쫄깃하고 맛이 좋아 소주안주로 안성맞춤이다. 그렇지만 두툼한 돼지비계로 만든 동파육은 생김새와 빛깔은 물론 맛깔도 정나미가 떨어진다. "버커리일망정 술은 여자가 따라야 제 맛이 나요."하면서 예쁘장한 동갑내기 여성이 소주를 따르기 시작해서 권커니 작커니 술자리가 익는 바람에 항주에 오자마자 거나하게 취한다.

수명이 크게 늘어나고 사회구조가 복잡해진 요즘은 얼키설키 엮인 이해관계로 사람끼리 교류할 때가 많다. 이해관계를 떠나 사람을 사귈 수 있는 으뜸마당은 학교다. 늘그막에 접어든 나이는 주민등록증에만 올려놓고 금년에 한밭대학교 최고경영자과정 17기에 등록하여 늦깎이로 공부하면서 가으내 훌륭한 강의도 듣고 좋은 사람도 사귀니 별천지에 신선놀음이 따로 없다.

이 과정에 해외연수프로그램이 있어서 오늘부터 3박 4일 동안(2008. 11. 21.~24.) 중국 항주와 황산을 둘러본다. 일행은 46명(남 30명, 여 16명)이므로 두 대의 관광버스에 23명씩 나눠 타고 아침 8시 20분에 대전 엑스포남문에서 인천국제공항으로 떠난다. 간밤에 비가 내려서 아스팔트가 촉촉하다. 비구름 뒤끝에 남은 뭉게구름이 해외로 떠나는 우리를 배웅한다. 서울 쪽으로 올라갈수록 구름이 점점 엷어지더니 천안휴게소에서는 새파란 하늘에서 초겨울 햇살이 담뿍 쏟아진다. 그러나 몸에 맞닥뜨려지는 바람은 싸늘하다. 휴게소에서 커피 한 잔을 마시고 이내 인천국제공항으로 달려간다.

오전 11시에 공항에 도착하여 출국수속을 밟고, 오후 1시 20분에 비행기로 이륙한다. 고도 10㎞에서 시속 800㎞, 바깥온도 -50℃ 안팎을 유지하며 2시간 쯤 날아간 뒤 항주소산국제공항(蕭山國際機場)에 내린다. 현지시간은 우리보다 1시간 늦으므로 2시 10분이다. 이곳도 요즘 전 세계를 휩쓰는 경기한파가 몰아쳐서 인천공항처럼 사람의 발길이 끊겨 한가롭다. 입국수속을 밟고 짐을 찾은 뒤 오후 4시에 공항에서 현지가이드를 만난다. '금강산도 식후경'이라는 말에 따라 가장 먼저 저녁을 먹으러 식당으로 간다.

절강성(浙江省 : 저장성)과 항주는 3년 전에 아내와 함께 둘러본 곳이라서 그때 얻은 정보를 그대로 기억하고 있다. 절강성은 중국에 있는 23개의 성(省) 중 하나로 산이 많아 아름답다. 우리나라에 한강이 흐르듯 절강성과 항주의 중앙에는 전단강이 흐른다. 아열대 날씨라 따듯하고 강수량이 많아서 녹차와 뽕의 재배지로 유명하다. 항주는 절강성의 성도(城都)로 경치가 수려한 관광지다. 삼국지에 나오는 오·월(吳·越)나라 수도였고 남송(南宋)의 도읍지로서 중국 7대 고도(古都) 중에 하나다. 이탈리아의 유명한 여행가 마르코폴로가 13세기 무렵 항주에 들러서 세상에서 가장 아름다운 도시라고 칭송한

도시다. 6개의 구와 2개의 현이 있고, 아름다운 경치로 유명한 서호가 있다. 항주와 북경 사이에 대운하가 건설된 뒤부터 점차 번영하였고, 9세기부터 237여 년 동안 14명의 황제가 항주를 수도로 선택한 도시이다.

버스로 서호 언저리에 있는 식당으로 가는 동안, 11월 끝이지만 도로 양쪽에 있는 푸나무들이 아열대 기후답게 초록빛깔 잎을 선보인다. 높은 온도와 습도가 빚어내는 여름의 혹서(酷暑)를 막으려고 잎이 넓은 버즘나무[1)]를 가로수로 많이 심고 잘 가꿔서 도시를 끌어안듯 뒤덮는다. 도시의 발달로 인구와 교통량이 증가해도 함부로 나무를 뽑고 도로를 확장하는 정책은 쓰지 않는단다. 인상서호(印象西湖)공연장 언저리에 있는 식당에서 거지닭과 동파육을 메뉴로 한국에서 가져간 소주를 곁들여 저녁을 먹는다. 연잎사귀로 싸서 만든 거지닭은 쫄깃쫄깃하고 맛이 좋아 소주안주로 안성맞춤이다. 그렇지만 두툼한 돼지비계로 만든 동파육은 생김새와 빛깔은 물론 맛깔도 정나미가 떨어진다. "버커리[2)]일망정 술은 여자가 따라야 제 맛이 나요."하면서 예쁘장한 동갑내기 여성이 소주를 따르기 시작해서 권커니 작커니[3)] 술자리가 익는 바람에 항주에 오자마자 거나하게 취한다.

저녁을 먹고 베이징 올림픽 개폐회식 연출그룹의 세 사람인 장예모, 왕조가, 판웨 등이 제작한 초대형 도시산수실경(都市山水實景)오페라인 인상서호(印象西湖)를 관람한다. 서호 일부에 무대를 만들어 수많은 출연진이 물위에서 70분(8시~9시 10분) 동안 벌이는 야간 쇼다. 공연의 줄거리는 '남녀 사이의 사랑'이다. 인품이 훌륭한 선비를 보고 한눈에 반한 백학(白鶴)이 예쁜 아가씨로 변신해서 사랑을 속삭이는 달콤한 장면부터 쇼는 시작된다. 깨가 쏟아지는 신혼생활을 표현한 눈부신 물위 춤이 신기해서 모든 구경꾼의 눈이 휘둥그래진다. 우리네 삶은 좋은 일에 탈도 잘 낀다. 행복하게 살아가는 이들 앞에 전쟁이 터져서 서로 헤어지는 아픔을 겪는다. 어지러운 세상에서 여인은 불행히도 목숨을 잃고, 애틋한 사랑을 머금은 넋은 차마 선비의 곁을 훌쩍 떠나지 못하고 빙빙 맴돌다가 하늘나라로 사라진다. 서호의 수려한 자연경관을 배경으로 무대로 꾸민 움직이는 대형 유람선 위에 발목 높이 정도로 물을 넣고 발목이 잠긴 채 걸어 다니며 배우들이 움직이므로 마치 호수에서 연기하는 모습으로 보인다. 수십 명의 배우가 물위를 걷고 뛰며 전쟁을 공연하는 몸짓과 웅장함은 뭇사람의 호기심을 한껏 불러일으키고 시선을 사로잡고도 남는다. 무대의 규모가 경주 보문호수 정도로 크고, 레이저를 이용한 다채로운 조명으로 다양한 모양을 만들어내므로 그림마다 신비롭다. 두 사람이 사랑을 속삭이던 아름다운 2층집을 배에 지어 물에 떠다니게 만든 공연과 땅에서 하늘까지 잇는 철골구조 타워를 레이저로 뚜렷하게 나타낸 기술 등은 가히 놀랍다. 장면에 따라 흐르는 멜로디가 분위기를 한껏 북돋아주고, 희다랑(喜多郞)이 작곡한 인상서호우(印象西湖雨) 주제가는 어찌나 애잔하고 감미로운지 멜로디가 깊이 새겨진다. 아열대지만 야간에다 야외호수라서 구경하는 내내 오슬오슬 춥다. 두툼한 겨울옷을 입지 않는다면 감기에 걸리기 십상이다. 그러므로 이 공연은 12월부터 2월까지 3개월은 열리지 않는다고 한다. 관람석이 1,371개(호화석 32, 귀빈석 36, 일반석 1,303)나 될 만큼 규모도 크고 쇼도 화려하지만 입장료금도 만만찮아서 가장 비싼 호화석은 600위안(약 12만원), 일반석은 220위안(약 4만 4천원)이다.

밤 10시쯤 예약한 보성호텔(寶成호텔 : Blossom Hotel)로 들어간다. 3년 전 여름에 이 지역에 묵을 때는 냉방시설이 잘 가동되고 있었는데 아열대지역이라 난방시설이 엉망이다. 겨울에 눈이 없고 새벽기온이 5℃ 안팎을 오르내리므로 예로부터 이곳은 주택에 난방시설이 발달되지 않았다고 한다. 로마에 가면 로마법을 따라야 하므로 별 수 없이 옷을 잔뜩 입고 이불속을 파고들지만 그런 잠에 서툴러서 이리저리 몸만 뒤척거리다가 날밤을 새운다.[4)]

'인상서호'는 13억 중국 인구가 기본구경꾼이고 덤으로 외국관광객을 보태어서 벌이는 초호화 쇼다. 대전도 과학의 도시답게 최첨단과학기기가 뿜는 빛의 효과와 입체음향, 자연, 배우 등이 어우러지는 독특한 쇼를 개발하여 관광산업을 발달시켜서 주민들의 삶이 한층 더 풍요로워지기를 기대해본다. 중국보다 웅대한 쇼를 개발하든지, 규모는 작지만 독특한 프로그램을 개발하여 수많은 국내외 관광객에게 아기자기한 공연을 제공함으로써 대전이 크게 발전하기를 바라면서 새 아침을 맞이한다.

1) 버즘나무 : 플라타너스

2) 버커리 : 늙고 병들거나 고생살이로 살이 빠지고 쪼그라진 할머니.

3) 권(勸)커니 작(酌)커니 : ['권하거니 마시거니'의 뜻으로] '술을 권하기도 하고 마시기도 하면서 술자리가 오래 계속되는 모양'을 이르는 말.

4) 날밤을 새우다 : 공연히 뜬눈으로 밤을 지내다.

황산에서 겪은 희비쌍곡선

뾰족뾰족 솟은 바위 봉우리와 절벽 틈에 뿌리를 내리고 기품 있게 자란 소나무들이 빚어내는 천하절경에 감탄한다. 지상최고의 절경이 한데 모여 저마다 독특한 맵시를 뽐내고 있다. 뭉게뭉게 피어오르는 안개와 구름을 거느린 산봉우리마다 신선이 머무름직하다. 케이블카를 타고 선경을 둥둥 떠가는 내 몸과 구름을 타고 비경을 둥둥 떠가는 신선이 무에 다르랴.

항주에서 버스로 6시간 거리에 있는 황산으로 가려고 우리는 서둘러서 아침 7시 30분에 호텔을 떠난다. 황산으로 가는 길에 보이는 마을마다 집 둘레에 텃밭을 일구어 채소를 가꾸는 풍경은 우리네 농촌과 비슷하지만, 산기슭에 빽빽하게 들어선 대나무 숲이 산들바람에 차랑거리는[1] 모습은 색다르다. 12시에 황산시내에 있는 한식음식점에서 점심을 먹고 천 길 낭떠러지를 옆구리에 낀 오르막길을 굽이굽이 돌아 고개를 넘은 뒤, 굵은 대나무가 장관을 이루고 있는 내리막길을 휘돌아서 비취계곡(翡翠溪谷)으로 간다. 금세 비가 쏟아질 듯 구름이 짙어서 어둠침침하다.

주차장에서 내려 오르막 나무계단을 올라간다. 군데군데 청소하는 사람들이 떨어진 나뭇잎을 빗자루로 쓸고 있어서 굵은 목재를 깐 등산로가 반짝거린다. 기묘한 돌과 바위가 많은 골짜기에 맑은 물이 졸졸 흐른다. 폭포 아래 웅덩이에서 비취빛깔이 뿜어져 나와 기암괴석을 파랗게 물들여서 언저리의 초록나무와 더불어 절경을 이룬다. 고등학교 시절에 소풍간 적이 있는 충북 제천시 봉양읍 구학리의 '탁사정(濯斯亭)'이 떠오른다. 탁사정 골짜기도 빼어나게 아름답고 작은 폭포가 만든 웅덩이는 에메랄드빛깔을 띠고 있어서 이곳 비취계곡처럼 선경(仙境)을 자아내기 때문이다. 탁사정은 세계적 관광 상품으로 개발되지 않아서 찾는 외국인도 거의 없고 영화 촬영지로 각광받은 일도 없다. 그렇지만 비취계곡은 빛깔을 보석과 연관시켜서 이름도 그럴싸하게 짓고, 주윤발·장쯔이가 바람에 일렁이는 대나무 숲과 에메랄드 빛깔을 무대로 주연한 "와호장룡(臥虎藏龍)" 촬영장소도 잘 보존해서 볼거리를 제공한다. 똑같은 풍경이지만 깨끗한 자연을 관광 상품으로 개발한 슬기와 그냥 내팽개치듯 처박아둔 무심함의 차이가 뚜렷이 견주어진다. 영화촬영 장소 언저리에서 아름다운 자연경치를 배경으로 일행과 여행기념 사진을 찍지만, 가지고 있는 사진도 슬슬 정리할 나이인지라 맥쩍을[2] 뿐이다. 쓸데없는 말만 주고받으며 웃을 뿐, 즐거움은 일지 않는다. 어느 새 허수아비처럼 가슴이 텅 비어가고 있는 것이 느껴진다.

비취계곡을 떠나 오후 3시에 황산풍경구(黃山風景區)에 도착한다. 한시 바삐 케이블카를 타고 산꼭대기로 올라가며 바위와 소나무와 절벽이 엮은 절경을 감상할 시간에 갑자기 사건이 발생한다. 운곡사

(云谷寺) 케이블카매표소로 갈 때 본토관광객은 셔틀버스를 이용해야하지만, 외국인은 그냥 관광버스에 탄 채 올라가도록 편의를 제공한다는 정보를 듣고 그대로 운곡사 케이블카매표소를 향해 달려갔다. 그러나 외국관광객 버스라 할지라도 셔틀버스 주차장에 있는 출입확인서를 작성하여 제출해야 통과할 수 있다고 말하면서 중간지점에 있는 검문소에서 교통경찰이 제재한다. 어쩔 수 없이 버스로 20분쯤 걸리는 셔틀버스 주차장으로 내려갔다. 확인서 작성할 시간을 아끼려고 관광버스에서 내려 셔틀버스를 타고 운곡사 케이블카매표소에 도착하니 벌써 오후 4시다. 갈팡질팡하는 사이 금쪽같은 1시간이 헛되이 흘러갔다. 매지구름[3]이 하늘을 뒤덮어서 하마 산속은 어둑어둑하므로 서둘러 올라가야 한다. 깜깜한 밤중에 산에 오른다면 천하절경이 있은들 무슨 소용이랴!

운곡사에서 종점인 해발 1,670미터의 백아령(白鵝嶺)까지 2,804미터나 되는 거리를 케이블카를 타고 10분쯤 올라가면서 황산의 절경을 감상한다. 뾰족뾰족 솟은 바위 봉우리와 절벽 틈에 뿌리를 내리고 기품 있게 자란 소나무들이 빚어내는 경치가 천하절경이다. 지상 최고의 절경이 한데 모여 저마다 독특한 맵시를 뽐내고 있다. 뭉게뭉게 피어오르는 안개와 구름을 거느린 산봉우리마다 신선이 머무름직하다. 케이블카를 타고 선경을 둥둥 떠가는 내 몸과 구름을 타고 비경을 둥둥 떠가는 신선이 무에 다르랴. 거의 30도쯤 기운 한 가닥 쇠줄에 매달린 케이블카에 목숨을 맡기고 올라가는 동안, 황산이 품은 신선비경(神仙秘境)에 넋을 잃는다.

4시 20분에 백아령에 내리니까 반갑잖게 부슬비가 내린다. 다함께 비옷을 유니폼처럼 입고 돌로 만든 계단을 따라 황산의 정상인 연화봉(해발 1865미터) 아래에 있는 북해(北海)호텔(해발 1630미터)로 걸어간다. 내일 아침 6시 30분쯤 기암괴석과 소나무에 머무는 안개를 헤집고 붉은 해가 솟아오르는 경관을 보려고 북해호텔에서 묵기 때문이다. 자연보호를 위해 이 호텔에서는 세탁이 금지되었고, 케이블로 짐을 실어 나르지 못하므로 어쩔 수 없이 날마다 일꾼들이 세탁물과 생활필수품을 등짐으로 지고 험준한 고개를 오르내린다고 안내원이 알려준다. 쏟아지는 비와 짙어지는 어둠도 아랑곳하지 않고 산꼭대기 돌계단을 말없이 쓸고 있는 사람이 눈에 띈다. 누가 보든 말든, 날씨가 좋든 궂든, 맡은 일을 성실히 수행함으로써 작은 힘이나마 관광중국을 만드는데 앞장서서 보태는 모습이 갸륵하다.

잠시 뒤 우리는 개인의 자유선택에 따라 두 갈래로 나누어지는 갈림길에 선다. 오른쪽 길은 걸어서 10분이면 닿는 북해호텔의 지름길이요, 왼쪽 길은 꿈에서나 펼쳐지는 황홀한 경치를 자랑하는 서해대협곡을 감상하며 돌아가는 에움길[4)]이다. 날씨만 좋다면 맑은 공기를 마시며 1시간쯤 걸으면서 빼어난 경치를 감상하는 에움길을 고르겠지만 안개가 짙고 비가 내리는데다 가을의 늦은 오후라 선뜻 지름길을 고른다. 나는 17년 이상 꼭두새벽에 산길을 걷고 달리며 산전수전 다 겪은지라 깊은 산일수록 어둠이 재빨리 깔려서 한 치 앞도 내다볼 수 없다는 것을 잘 알고 있기 때문이다.

겨울설경을 자랑하는 깊은 산속 호텔인데도 어제 묵은 항주호텔과 마찬가지로 난방시설이 부실하다. 아내와 자더라도 꽃잠[5]을 이루기는커녕 이불에서 고드름을 만들 지경이다. 옷장에 걸려 있는 손님용 오리털 윗도리를 입고 추위를 달래지만 따듯한 방에서 잠드는 것이 몸에 익어서 별로 도움이 되지 못한다. 세계화의 시대흐름에 맞춰 외국관광객을 맞아들여 외화를 벌어들이는 사회주의 국가면서도 생활방식은 굳이 전통을 고집하는 이들의 생리는 알다가도 모를 일이다. 집 떠나면 고생이라는 말을 실감한다.

한 시간만 일찍 왔어도 황산절경을 더 많이 보았을 것이므로 검문소와 셔틀버스 주차장을 오가며 허비한 시간이 못내 아쉽다. 외국인이 많이 찾도록 편의를 제공하는 윗선의 조치가 관광을 그르치는 아랫선의 현실로 맺어지는 서투른 행정에 쓴웃음을 짓는다. 그러나 세계적으로 빼어난 자연을 관광자원으로 잘 활용하고, 자연을 보호하려고 험준한 고갯길로 생활필수품과 세탁물을 등짐으로 나르고, 깊은 산길도 깨끗이 쓸고, 산불을 예방하려고 흡연을 엄금하는 제도 등은 크게 돋보여서 우리가 본보기로 삼아야한다.

1) 차랑거리다 : 좀 길게 드리운 물건이 요리조리 보드랍게 자꾸 흔들리다.
2) 맥쩍다 : 열없고 계면쩍다. 쑥스럽다.
3) 매지구름 : 비를 머금은 검은 조각구름.
4) 에움길 : 먼 길로 돌아가는 길.
5) 꽃잠 : 신혼부부가 첫날밤에 자는 잠.

황산과 항주의 이모저모

눈부신 중국발전을 우리나라발전의 기회로 여긴다면 이를 활용할 것이요, 두렵다면 극복해야 산다. 중국과 차별되는 산업의 특성화를 이룩하여 승천하는 용을 붙잡고 함께 발전하는 전략은 살 길이요, 그들과 똑같은 산업구조로 맞서서 경쟁하는 전략은 스스로 무덤을 파는 길이다.

황산의 일품인 해돋이를 보려고 아침 일찍 호텔 밖으로 나오니 하늘의 심술인가, 비경(秘境)을 감추려는 땅의 본능인가, 5미터 앞도 보이지 않을 만큼 안개가 짙다. 해돋이의 명소인 '청량대'로 올라가는 오솔길에는 나뭇잎에 고인 빗물이 우수수 떨어진다. 그래도 함께 여행하는 일행은 일찌감치 많이 나와서 해가 솟아오르기를 기다린다. 안개를 가리개 삼은 수많은 계곡과 오색찬란한 구름을 거느린 봉우리 위로 황홀하게 떠오를 해를 기대하며 동녘을 바라보는 모습은 자못 진지하다. 오늘처럼 궂은 날씨가 있어서 좋은 날에 떠오르는 해가 더욱 아름답다고 말하는 긍정적 사고방식이 단연 돋보인다.

황산의 하이라이트라는 서해대협곡을 비롯하여 시신봉(始信峰), 비

래석(飛來石), 옥병루(玉屛樓) 및 다른 모든 현애절벽(懸崖絶壁), 기암괴석, 진기한 소나무 등을 자욱한 안개가 끌어안았으니 그저 그림의 떡일 뿐이다. '노처녀가 시집을 가려니까 등창이 나는 꼴'처럼 모처럼 황산을 찾아 천하절경을 감상하려니까 뜻밖에 안개가 훼방을 놓는다. 천하제일의 명산인 황산을 제대로 감상하려면 소나무, 기암괴석, 운해, 온천, 설경의 5절(五絶)을 다 보아야 하는데 이번 황산 등정에서는 케이블카를 탄 짧은 시간에 황산의 한 구석에서 소나무, 기암괴석, 안개의 3절(三絶)만 감상하고 돌아서야 한다.

'황산에 돌이 없으면 소나무가 아니고(無石不松), 소나무가 없으면 기이하지 않다.(無松不奇)'는 말이 있다. 안개와 구름에 뒤덮이기 일쑤인 황산의 열악한 환경에서 꿋꿋이 자란 소나무 중에서 기묘하게 생긴 열 그루에 각각 이름을 붙인 것이 10대 명송(名松)이다. 그 중에서 하나도 제대로 못 보고 떠나므로 발걸음이 시답잖다. '황산을 오르고 나면 다른 명산은 눈에 차지도 않고 더 이상 오를 산도 없다'는 '등황산, 천하무산(登黃山, 天下無山)'이라는 7자와 '5악(恒山, 泰山, 衡山, 華山, 嵩山)을 보고 온 사람은 일반 산이 눈에 차지 않고, 황산에서 돌아온 사람은 그 5악조차 눈에 차지 않는다.'라는 '오악귀래불간산, 황산귀래불간악(五岳歸來不看山, 黃山歸來不看岳)'이라는 열네 글자를 황산홍보물에서 보고 잔뜩 기대했는데 김칫국부터 마신 꼴이다. 쉽사리 들[1] 것 같지 않은 궂은 날씨를 뒤에 남기고 백아령에서 어제 타고 올라왔던 케이블카로 운곡사까지 되짚어 내려온다.

황산시에 있는 청대(淸代) 옛 거리인 노가(老街)로 간다. 이곳은 송나라 때부터 형성된 거리로서 명·청대의 건물이 잘 보존되어 있고 현재 상점으로 사용되는 건물이 많다. 중국의 다양한 건축물도 감상하고 문방사우, 골동품, 민속품, 간단한 기념품 등도 구경하면서 지나간다. 옛 거리를 벗어나자마자 살아있는 자라, 민물고기, 꿩, 멧새, 토끼, 닭 등을 즉석요리해서 파는 가게가 늘어서서 하늘의 비행기와 바다의 군함을 빼고 모두 요리해 먹는다는 중국특유의 냄새를 진하게 풍긴다.

비가 주룩주룩 내리는 가운데 일행은 프로그램에 따라 황산시내에서 전신마사지를 받는다. 나는 마사지를 받으면 시원하기는커녕 오히려 아프므로 그 시간에 중국인들이 벌이는 투전판으로 간다. 담배연기 자욱한 홀에서 누가 드나들든, 오가든, 아랑곳없이 중국인끼리 남녀노소 가리지 않고 둘러앉아서 고리타분한[2) 투전놀이에 빠져서 정신이 없다. 우중충한 홀, 깔끔하지 않은 옷차림, 꾀죄죄한 몸매, 궂은 날씨가 투전판과 가락이 척척 들어맞는다.[3) 1950년대에 우리나라 농촌에서 겨우내 노름판을 벌이며 암울한 심경을 달래던 모습이 떠오르면서 중국산골 도시에 무겁게 드리워진 그늘을 본다.

항주로 돌아와서 저녁을 먹고 송성민속촌으로 송성천고정(宋城千古情)을 보러간다. 서호인상은 야외에서 펼치지만 이 쇼는 실내에서 벌인다. 항주의 신화와 역사를 현란한 춤과 레이저의 마술로 공연함으로써 관객의 시선을 사로잡는다. 나는 3년 전에 아내와 관람하였으므로 쇼의 내용을 어렴풋이 알고 있다. 이 쇼는 모두 4장으로 구성되어 있으며 한 시간 동안 펼쳐진다. 1장은 서호에서 청사와 백사가 이루지 못하는 사랑을 그린 신화를 공연하는 춤이다. 사랑하는 두 사람이 가문의 반대로 사랑을 못 이루자 죽음을 택하여 나비로 다시 태어나서 마음껏 사랑하며 날아다닌다. 2장은 송황제의 생일 축하잔치를 그린 송궁(宋宮) 춤이다. 3장에서는 금나라의 침공을 악비 장군이 막아내지만 간신의 모함으로 살해당한 후 누명을 벗고 영웅으로 추앙받는다. 전쟁을 공연할 때 실제로 말도 타고, 대포도 쏘고, 물이 객석으로 떨어진다. 이번에 본 병사들이 성을 기어오르며 싸우는 장면과 객석에 비가 오듯 물방울이 떨어지는 장면은 3년 전에 없었으므로 그 사이에 개발해서 끼워 넣은 것으로 여겨진다. 4장은 '세계는 여기서 모인다.'로 여러 나라의 노래와 춤을 보여준다. 한국관광객이 많으므로 우리의 부채춤과 농악을 오랫동안 보여준다. 중국 땅에서 민요를 듣고 고운 한복을 차려입은 아가씨들의 춤과 열두 발 상모를 돌리는 농악공연을 보니 색다른 흥취가 돋는다.

부슬비가 온종일 오락가락하던 어제와 달리 중국관광 마지막 날인 오늘은 눈이 부시도록 햇살이 쏟아진다. 하루 사이에 비오는 날과 맑은 날이 교차하므로 황산에 절경만 남겨놓고 되돌아선 것이 더욱 아쉽다. 사람의 마음은 똑같아서 "이 햇살, 어제 비쳤으면 얼마나 고마울까!"하는 어느 사람의 목소리가 들린다. 북경과 항주 사이에 놓인 운하가 시작되는 서호로 간다.

항주는 서호가 있어서 존재한다고 말할 정도로 서호는 유명하다. 송나라 시인인 소동파(蘇東波)는 월나라 미인인 서시(西施)가 항주에서 태어났으므로 양귀비, 왕소군, 초선과 더불어 중국 4대 미녀 중 으뜸인 그녀를 서호에 비유하여 서자호(西子湖 시쯔후)라고 일컬었다. 배가 삼담인월(三潭印月)에 이르니까 아내와 함께 구경하던 추억이 떠오른다. 삼담인월(세 개의 호수에 달이 도장을 찍다)은 호수에 있는 높이 2m의 석등 3개다. 달 밝은 밤에 배를 띄우고 불이 켜진 석등을 바라보면 달이 셋으로 나뉜 것처럼 보여서 붙인 이름이다. 서호는 맑은 날보다 비 오는 날이, 비 오는 날보다 안개가 낀 날이 더욱 정취가 흐른다는데 내가 찾은 날은 맑은 날뿐이다. 서호에 떠다니는 배는 오염을 방지하려고 기름을 사용하지 않고 인력과 전기로만 움직인다. 이곳의 뱃사공들은 뒤로 돌아서서 배를 젓는다. 옛날에 임금이 항주 미인과 뱃놀이하는데 여인이 너무 예뻐서 이에 홀린 뱃사공이 넋을 잃고 배를 젓지 않자 특별히 뒤를 보고 배를 저으라고 말했기 때문이란다.

우리나라로 돌아오며 비행기에서 생각한다. 깊은 산골도시 황산시에 흐르는 신안강물도 황톳물이요, 대도시 항주에 흐르는 전단강물은 물론 아름다운 서호의 물도 한 치 앞을 볼 수 없는 진흙물인 점이 우리나라에 흐르는 강물과 크게 다르다. 맑고 깨끗한 물이 흐르는 우리나라 강물이 얼마나 고맙고 소중한가! 이 땅에 살아가는 모든 사람들의 건강을 길이길이 지키기 위하여 강물이 영구히 맑도록 잘 보존할 필요성을 더욱 절실히 느낀다.

중국 사람은 이제 만만디가 아니라 세계 속으로 파고들 만큼 약삭빠르다. 잠자던 중국이 폭발적으로 성장해서 이미 세계최대 외환

보유고를 자랑하고 있다. 13억 인구의 거대 공룡이 꿈틀거리는 이때 잠시라도 머뭇거리면 이웃에 있는 우리는 그들에게 잡아먹힌다. 눈부신 중국발전을 나라발전의 기회로 여긴다면 이를 활용할 것이요, 두렵다면 극복해야 산다. 중국과 차별되는 산업의 특성화를 이룩하여 승천하는 용을 붙잡고 함께 발전하는 전략은 살 길이요, 그들과 똑같은 산업구조로 맞서서 경쟁하는 전략은 스스로 무덤을 파는 길이다. 우리나라 상공에 이르면서 자손만대가 행복하게 살아갈 소중한 나라임을 새삼 진하게 느낀다. 중국보다 더 현란한 경인지역의 전기불빛이 반갑다. 공항에 내리기도 전에 마음은 벌써 집에 들어선다.

1) 들다 : 비가 그치고 (날이) 개다.
2) 고리타분하다 : 옹졸하여 다랍고 타분하다.
3) 가락이 맞다 : 하는 일이 서로 척척 들어맞다.

제4부 악사라이에서 안탈랴까지

대전에서 이스탄불까지

●●●

우리와 같은 계통의 언어를 쓰는데다 전쟁에서 피로 맺은 형제국가요, 인류문명의 보물창고다. 이런 터키에서 보내는 첫날밤에 잠을 설치는 것은 시차(時差)에 적응하지 못해서가 아니라 설레는 마음 때문일 것이다.

여행하면 새 세상을 만나므로 떠날 때마다 기대에 부풀어서 기분이 좋다. 여행하려면 집을 떠나야하고, 집을 떠나면 고생이 뒤따르기 마련이다. 호되게 고생할수록 뼛속 깊이 사무치고, 사무친 일은 아름다운 추억으로 차곡차곡 쌓여서 곱게 수놓아지니 여행은 알쏭달쏭하다. 중학교 동기동창 내외와 터키로 패키지여행을 떠나기 전날 밤에 인터넷에서 날씨를 검색하니, '중부지방에 바람이 강하게 불고, 기온은 급강하하며, 눈이 7㎝ 정도 쌓일 예정'이란다. 가시버시라는 인연을 맺고 한평생 동고동락의 길을 함께 걷는 짝꿍의 회갑을 맞아 연말연시인 12월 29일부터 1월 6일까지 8박 9일 동안 내 딴에는 큰맘 먹고 떠나는 길인데 날씨가 호락호락 도와주지 않을 것 같다. 내일 낮 12시까지 인천국제공항에 잘 도착할 수 있을지 긴장된다.

닷새 전부터 갑자기 등장한 강풍을 동반하는 대설(大雪)예보. 느긋이 가려고 이레 전에 공항에서 만날 약속시간보다 한 시간 빨리 도착하는 버스표를 예매하였지만 대설예보가 마음에 걸려서 잠이 오지 않는다. 자는 둥 마는 둥 뒤척거리다가 깜빡 잠이 든 뒤 늦게 깨는 바람에 아내와 함께 부랴사랴 서둘러서 짐을 챙겨들고 정류장에서 예약한 버스를 가까스로 탄다. 대전지역은 안개가 자욱해서 우중충한데다 겨울비가 내려서 길이 축축하고 웅파리마다 물이 괴어 있다. 그러나 공항 쪽으로 다가갈수록 길바닥이 보송보송하고 안개가 옅어지더니 인천공항에서는 햇빛이 쨍쨍하다. 일기예보는 빗나갔지만 함께 떠날 열여섯 명이 모두 예정시간보다 빨리 모였다. 너나 할 것 없이 환갑·진갑 고개 넘은 세월 골짜기를 얼굴에 깊이 새긴 채, 온갖 안부를 주고받다가 여행 중 우리를 도울 교문여행사 가이드 '정기권'씨를 만나 출국수속을 밟다보니 세 시간도 금세 지나간다.

예정대로 오후 2시에 17번 게이트로 나가서 대한항공 비행기를 탄다. 2시 40분부터 움직이기 시작한 비행기가 땅을 떠난 10분 뒤, 설원(雪原)처럼 하얀 구름세상이 펼쳐진다. 고도 10~11㎞, 시속 750~850㎞를 유지하고 11시간 30분쯤 날아간 뒤 현지시간 저녁 7시 16분에 인천에서 8,000㎞쯤 떨어진 이스탄불 아타튜르크(Atatűrk)국제공항에 내려앉는다. 입국장에서 우리 여행을 도울 현지 한국인안내원 '원영린(현지 애칭 엘마)'씨와 터키인안내원 '귤잔'씨를 만난다. 이슬비가 내리고 있지만 별로 차지 않아서 겨울비답지 않다. 공항에서 버스로 10분도 채 걸리지 않는 와우(Wow)호텔로 이동한다. 짐을 풀고 저녁을 먹고 호텔 15층으로 올라가서 반짝거리는 이스탄불 시내 불빛을 바라보며 트레드밀에서 땀이 흠뻑 흐르도록 달린다.

이곳은 오밤중 1시지만 우리보다 7시간(여름에는 6시간) 늦으므로 한국에서는 아침 8시다. 눈이 말똥말똥하여 집에서 가져온 터키자료와 가이드가 설명한 내용을 종합하여 터키에 관해 알아본다. 인구 약 7,000만이 사는 터키공화국 국토는 총면적이 780,000㎢로 남한보다 7.5배쯤 더 크고 유럽대륙과 아시아대륙 사이에 있다. 보스포로스 해협, 마르마라해('앞에 있는 바다'라는 뜻), 다르다넬즈 해협을 경계로 '아나톨리아' 또는 '소아시아'라고 부르는 97%는 아시아에, '동트라키아'라고 일컫는 3%는 유럽에 속한다. 에게해, 지중해, 마르마라해, 흑해에 닿아 있고, 북위 36도와 42도 사이에 위치한다. 동쪽으로 그루지아, 아르메니아, 이란, 남쪽으로 이라크, 시리아, 지중해, 서쪽으로 그리스, 불가리아 북쪽으로 흑해와 맞닿는다. 수도는 앙카라다. 1923년 10월 13일 터키공화국을 선포하면서 1600여 년 동안 수도였던 이스탄불에서 옮겼다. 종교는 자유지만 이슬람교도가 98%이고, 지중해성 기후면서도 우리처럼 4계절이 뚜렷하다. 우리나라와 1957년에 국교를 맺었고, 산업은 농업이 위주다. 터키어와 한국어는 우랄알타이어라서 문장구성 순서, 모음조화, 두음법칙, 어미 활용 등이 같고, 명사에 남성·여성·중성 등의 성(性)구별과 단수·복수 구별이 없는 것이 특징이다. 한국전쟁에 미국·영국에 이어 세 번째로 많은 군대(1만 5천명)를 파견한 나라다.

터키는 아시아와 유럽을 잇는 지리적 여건으로 중부 아시아 초원지대의 유목민문화, 토착민문화, 온갖 종교문화·풍습 등이 혼합된 다양한 문화를 지니고 있다. 기원전 8000년의 구석기시대 초기부터 현재까지 긴 역사의 자취가 많이 남아 있어서 '문명의 요람'이요, '세계에서 가장 큰 야외 박물관'이라고 일컬어지고 있다.

지구를 반 바퀴 돌아야 갈 수 있는 먼 곳이지만 문화적, 정서적으로 우리와 아주 가까운 나라다. 여름에 우리와 꼭 같은 시큼한 오이지를 즐겨 먹고, 인정이 많고, 느긋한 마음으로 따듯하게 살아가는 생활모습은 우리의 농촌생활 바로 그것이다. 우리와 같은 계통의 언어를 쓰는데다 전쟁에서 피로 맺은 형제국가요, 인류문명의 보물창고다. 이런 터키에서 보내는 첫날밤에 잠을 설치는 것은 시차(時差)에 적응하지 못해서가 아니라 설레는 마음 때문일 것이다.

이스탄불에서 카파도키아까지

많은 소금을 생산하는 호수답게 바닥에 소금이 하얗게 깔려 있다. 아내와 짭짤하게 재미를 보면서 호숫가를 거닐다가 물맛을 보니 32.4%의 염도를 말하듯 매우 짜다. 소금 때문인지, 기후가 메말라서인지, 지대가 높아서인지, 눈을 뜰 수 없을 정도로 자외선이 몹시 강하다.

이스탄불 아타튜르크 공항 근처에 있는 와우(Wow)호텔에서 하룻밤을 묵은 뒤, 앙카라로 가려고 아침 7시 30분에 서둘러 나선다. 앙카라는 버스로 6시간쯤 걸리므로 국내선을 이용하기 때문이다. 엊저녁에 덮였던 비구름이 걷혀서 하늘이 파랗다. 8시부터 수속을 밟고 터키항공 비행기로 9시 5분에 출발하여 예정대로 40분 뒤 앙카라공항에 도착해서 앞으로 8일 동안 우리가 이용할 버스와 만난다. 승차감이 좋은 데다 운전기사의 첫인상마저 좋다.

앙카라 시내 중심부에서 약 1㎞ 지점에 있는 한국공원에 도착하자마자 묵념부터 올린다. 이 공원은 면적이 10,230㎡(약 3,100평)이고, 1971년 8월에 서울과 앙카라가 맺은 자매결연을 계기로 마련되었다. 전사한 용사(765명)의 영혼을 모신 한국참전 터키기념탑과 한국의 정취를 느끼게 하는 6각 정자가 있다. 기념탑은 높이가 9m인 4층탑으로 불국사 석가탑과 비슷하고, 정자는 관리사무소로 사용한다. 탑 밑받침 둘레에 새긴 전사자 이름과 생년월일 및 전사날짜를 보니 꽃봉오리 나이에 스러진 용사가 많아서 가슴이 아리고 뭉클하다. 이슬람문화는 화장(火葬)하지 않으므로 한국의 터키용사무덤에서 가져온 흙을 담아 놓았다.

터키공화국의 초대 대통령인 '무스타파 케말 아타튜르크(Atatűrk)'의 무덤이 있는 영묘(면적 658,000㎡/199,000평)로 간다. 버스에서 내려서 걷는 길(Entrance Road: 길이 260m, 폭 30m)이 꽤 넓다. 언덕배기가 높아서 얼굴에 닿는 겨울바람이 거칠고 싸늘하다. 승리광장(Victory Square)은 어찌나 넓은지 몽골의 울란바타르에서 본 수흐바타르 광장처럼 웅장하다. 1953년에 이 박물관을 완공한 뒤 앙카라 민속박물관에 있던 아타튜르크 무덤을 이곳으로 옮겼다. 박물관은 세 부분으로 나뉘어서 아타튜르크의 개인 소장품, 유화로 그린 차낙칼레 전투와 독립전쟁, 국민의 투쟁을 보여준다. 아타튜르크의 시신이 안치된 관은 지하층에 놓여 있어서 참배할 수 있다.

아타튜르크는 1881년에 출생해서 1938년 11월 10일 오전 9시 5분에 이스탄불에서 사망하였다. 터키지폐에 초상화가 있고, 공항·공원 등의 이름으로 쓰이고, 관공서·개인집·길거리 등에 사진이 걸려 있는 등 국민이 존경하는 인물이다. 그가 머물던 돌마바흐체 궁전시계는 그가 죽은 9시 5분에서 머물러 있고, 해마다 그 시각에 전국에서 추모 사이렌이 울린다. 이즈미르 출신의 부인 '라티페 하님'과 이혼한 뒤 독신으로 살았고 자녀가 없다. 터키공화국을 건국한 공로 외에 그가 이룬 업적은 먼저, 1928년 11월 3일에 문자를 개혁해서 문맹을 퇴치하였다. 즉 아라비아문자를 버리고, 26개의 라틴 알파벳을 사용하되 터키어에 불필요한 q, w, x는 쓰지 않고, 3개의 자음(ç, ğ, ş)과 3개의 모음(ı , ö, ü)을 첨가해서 29개의 자소(자음 21개, 모음 8개)로 구성된 터키어 알파벳을 만들었다. 둘째, 이전에 없던 성씨(姓氏)사용을 의무화해서 자신부터 아타튜르크라는 성을 붙였다. 셋째, 남존여비의 법률과 전통을 폐기하고 투표권과 피선거권 등에서 남녀평등을 수립하였다. 넷째, 유럽식 의상과 생활방식을 도입하였다. 다섯째, 모든 법체계를 현대화했다. 여섯째, '과학은 삶의 가장 믿음직한 안내자다.'라 말하고 전통교육체제를 폐지하고 탈 종교적 현대식 학교를 설립하였다. 일곱째, 오스만 정부가 1차 대전 후 연합군에 항복하는 것을 막고, 천혜의 요새를 형성하는 분지면서 국토의 중앙에 수도를 정하려고 해안도시 이스탄불에서 앙카라로 옮겼다.

앙카라에서 카파도키아로 가다가 소금호수(Tuz Golű)에 들른다. 건조한 지역이라서 주변의 나지막한 산과 들에 풀과 나무가 별로 없다. 터키에서 두 번째로 큰 호수로 넓이는 제주도에 버금가지만 수심은 얕다. 가장 깊은 곳이 2미터란다. 비가 내리는 계절인 요즘에 물이 가장 많고, 여름에는 물이 증발되어 평균수심 60㎝에서 30㎝ 두께의 소금이 형성된다고 한다. 많은 소금을 생산하는 호수답게 바닥에 소금이 하얗게 깔려 있다. 아내와 짭짤하게 재미를 보면서 호숫가를 거닐다가 물맛을 보니 32.4%의 염도를 말하듯 매우 짜다. 소금 때문인지, 기후가 메말라서인지, 지대가 높아서인지, 눈을 뜰 수 없을 정도로 자외선이 몹시 강하다.

황량한 들판을 서너 시간 달린 끝에 카파도키아에 있는 '베라 카이마클리(Vera Kaymakli)'호텔에 도착한다. 저녁 7시지만 깜깜하다. 짐을 풀고 저녁을 먹은 뒤 일행과 함께 13세기 터키의 철학자인 '메블라나 젤랄레딘 루미'가 세운 수피즘의 회전명상 춤인 세마(일명 메블라나 춤)를 보려고 암굴에 만든 공연장(입장요금 : US$85)으로 간다. 터키의 전통 민속주인 라크(가격 : 30유로/병), 음료수, 안주값은 입장료에 포함되어 있어서 실컷 마시면서 구경하는 공연장이다. 라크는 독주(알콜 : 45%)로 빛깔이 없지만 물을 부우면 뿌옇게 흐려진다. 터키 사람들처럼 물을 부어 마셔보니 맛은 독특한데 일행 중 입맛에 제격이라고 말하는 사람은 아무도 없다.

세마는 터키의 중요 무형문화재로 지정된 수행의식이다. 악사들이 터키 전통악기로 명상음악을 연주하는 가운데 세마젠(수도승)들이 세마의식을 진행한다. 의식은 네 가지 셀람(인사)으로 구성된다. 첫째 셀람은 '진실을 향해 태어남(신의 창조물)'을 표현하고, 둘째는 신의 위대함 앞에 창조의 찬란함을 목격한 사람의 기쁨을 표현하고, 셋째는 기쁨이 사랑으로 변하고 사랑을 위한 정신의 희생을 표현하는데 이슬람의 '파나 피 알라(최고의 경지)'를 상징하고, 마지막은 세마젠이 '파나 피 알라'의 경지에 이르렀다가 임무를 위해 되돌아오는 것을 표현한다. 검은 망토를 입은 세마젠들이 앉아서 명상하다가 일어서서 팔을 벌려 휘두르며 시작되는 세마는 같은 방향으로 회전하는 동작을 반복한다. 검은 망토를 벗고 흰 치마를 입은 세마젠들이 어두운 조명에서 반복 회전하는 장면은 바람개비처럼 매우 아름답다. 오랫동안 회전하다가 정지하면 어지러울 텐데 세마젠들은 팔을 뻗은 채 꼿꼿이 서 있다.

터키에는 한국전쟁에 참가한 것을 잊지 않고 한국국민을 사랑하고, '피를 나눈 형제의 나라'로 생각하는 사람이 많다. 우리도 그들이 도와준 일을 고맙게 여기고 따뜻한 마음으로 대해야 한다. 터키 국민은 터키 알파벳을 만들어 문맹을 퇴치한 아타튜르크 대통령의 업적을 높이 평가한다. 세종은 왕조시대의 임금이면서도 565년 전(1443년)에 백성을 위해 24개의 소리글자로 모든 소리를 쉽게 쓰는 한글을 창조하셨으니 얼마나 위대한 분인가! 터키국민은 15년 동안 장기 집권한 아타튜르크의 훌륭한 업적을 기리고 국민영웅으로 받든다. 우리나라에도 많은 국민이 눈뜬장님 같던 1910년에 미국 프린스턴대학에서 '영세중립국론'으로 박사학위를 받은 학식으로 세계정세를 명석하게 판단하여 대한민국을 건국한 대통령이 있다. 지하자원도 변변찮고, 인구밀도도 높고, 몹시 가난하던 우리나라를 강력한 통치로 세계적 경제대국으로 바꾼 위대한 대통령이 있다. 그러나 둘 다 부정적 이미지만 들춰서 장기 집권한 독재자일 뿐 국민이 우러르는 정신적 지도자는 아니다. 상대의 업적을 인정하는 긍정적 풍토가 조성되지 않은 결과라서 매우 안타깝다.

카파도키아에서 악사라이까지

요정의 굴뚝이라고 일컫는 버섯바위들이 옹기종기 모여서 우리를 맞이한다. 풍화작용에 깎이는 정도가 제각각인 바위들이 이처럼 사람의 상상력을 뛰어넘는 예술품을 빚었다고 한다.

엊저녁 7시에 카파도키아(Kapadokia)의 베라(Vera)호텔에 도착한 뒤 일행과 밤이 이슥할 때까지 '세마'를 관람해서 오늘 아침에는 느지감치 9시 30분에 호텔을 나선다. 카파도키아는 '친절하고 사랑스러운 땅'이라는 뜻인데 이 지역은 고원지대이며 대규모의 기암이 저마다 독특한 자태를 뽐내는 곳이다. 이 절경은 수백만 년 전에 주변의 에르제스산(해발 3916미터)을 비롯한 몇 개의 화산이 폭발할 때 수없이 떨어진 여러 빛깔의 화산재와 분출된 용암이 적갈색, 흰색, 주황색으로 선명하게 굳으면서 형성된 응회암층을 재료로 풍화와 침식작용이 만들어낸 걸작이다. 이른 새벽에 운동 삼아 마을을 돌아다닐 때는 차디찬 바람이 휘몰아치면서 눈발이 흩날렸었다. 눈은 흙을 가리는 둥 마는 둥 아주 적게 쌓였지만 알프스 산맥에 쌓인 만년설처럼 단단해서 여간해서 녹지 않을 것 같다. 금세 검은 구름이 물러가고 푸른 하늘에 흰 구름이 떠돈다. 9시 50분에 이 지역에서 발견된 40여개의 지하도시 중에서 규모가 가장 큰 데린쿠유(Derinkuyu : '깊은 우물'이라는 뜻으로 네브쉐히르에서 29㎞ 떨어짐)에 도착해서 한 시간 동안 구경한다.

1960년대 초에 마을 사람이 기르던 닭이 작은 구멍으로 들어간 뒤 사라져서 이상하게 여긴 닭 주인이 신고해서 발견하게 되었단다. 크든 작든 발견은 이처럼 우연히 이루어지는 경우가 많다. 자료가 없어서 지하도시의 형성 시기는 정확히 모르지만 BC 1,400년경의 히타이트 시대로 추측한다. 그 뒤, 로마시대에 박해를 피해 이곳으로 밀려 온 그리스도 교인들이 피난처로 삼으면서 본격적으로 확장되었다. 땅이 물러서 파기 쉬운 데다 땅속이라 여름에 시원하고 겨울에 따뜻해서 지낼 만했기 때문이다.

데린쿠유는 3만 명 안팎을 수용할 수 있는 거대한 도시로 20층(지하 120미터까지 내려감)구조로 되어 있고, 출입구는 사람 하나 겨우 다닐 만큼 비좁게 냈다. 현재는 지하 8층까지 시설을 보완해서 개방하고 있다. 지하에 창고·공동 식당·화장실·무덤 등 각종 시설이 있고, 벽에 홈을 파서 기름등잔·질그릇·각종 물건을 두는 장소도 만들었다. 1·2층에는 마구간·포도주 압착기·돌로 만든 긴 탁자가 놓인 식당 겸 교실이 있고, 3·4층에는 주거지·교회·무기고 등이 있다. 아래로 내려가면서 한 사람 겨우 다닐 비좁은 통로 곳곳에 연자방아처럼 생긴 돌문을 만들어 외부의 침략에 대비한 흔적도 보인다. 특히 7층에 20층까지 쓰는 우물(이름 : 데린쿠유)을 만들었으니 13

층 길이를 직선으로 파 내려간 셈이다. 7층에는 중앙에 돌기둥을 세운 십자가 모양의 예배당 겸 회의장 및 배신자의 체벌장도 있다. 땅속이지만 공기가 신선하고 곰팡냄새가 전혀 나지 않는 것은 20층 전체에 뻗친 직선 환기통이 아직도 잘 작동하기 때문이다.

데린쿠유를 살펴보는 내내 개미집이 생각난다. 개미는 땅바닥을 기어 다니는 아주 작고 하찮은 동물이다. 수많은 종족이 땅속에 살면서도 출입구는 한 마리만 겨우 빠져나갈 정도로 비좁게 낸다. 봄부터 가을까지는 끊임없이 집 안팎을 드나들고 겨울에는 틀어박혀 지내면서 질서 있게 모둠살이한다. 땅속에서 새끼를 낳고, 기르고, 교육하고, 장례를 치른다. 많은 사람이 생활한 데린쿠유의 놀라운 땅속도시 구조와 시설을 보았지만 신비는 그대로 수수께끼로 남는다. 아무리 기술이 신비스럽더라도 땅속세계 건설기술은 개미에 턱없이 뒤떨어질 것으로 생각되면서 개미의 슬기가 예사롭지 않게 느껴진다.

데린쿠유를 떠나 괴뢰메(Gőreme : '쓸 수 없는'이란 뜻) 야외박물관으로 가는 길목에 멀리 에르제스산이 흰 눈을 머리에 인 채 웃으며 맞이하고 눈앞에는 카파도키아협곡의 절경이 펼쳐진다. 11시 반에 도착한 괴뢰메 박물관은 바위산을 파서 만든 동굴로서 로마의 박해를 피해 몰려온 수많은 기독교인들이 만든 역사적 유물관이다. 연기에 그을린 채 옛날생활을 말하는 동굴도 있고 성화를 간직한 교회도 많다. 엘마(사과)교회, 집시교회, 샌들(sandal) 교회 등 동굴교회마다 천장과 벽에 예수 그리스도의 탄생, 최후의 만찬, 유다의 배반,

십자가의 죽음과 부활 등을 그린 프레스코(Fresco : 회로 그린 벽화) 성화가 있다. 이슬람 세력이 들어오면서 동굴교회 안에 사람의 손길이 닿는 부분의 성화는 아예 없어졌거나 훼손된 것이 많은데, 샌들교회 성화는 거의 완벽하게 보존되어 있다.

괴뢰메 박물관에서 비둘기 계곡에 이르는 길에는 석회암을 파서 만든 호텔과 상점 및 길거리 판매상 등이 심심찮게 눈에 띈다. 비둘기 계곡 꼭대기에 있는 카프탄 오스만(Kaptan Osman)이라는 암굴식당에서 터키의 전통음식 중에 하나인 케밥을 점심으로 먹고 아름다운 경치도 감상한다. 수도사들이 바위에 비둘기 집도 만들어 주고 비둘기에게 모이를 주어서 비둘기 계곡이라고 일컫는데 비둘기 알을 성화재료로 썼다고 한다. 비둘기 계곡에서 가까운 우치히사르(Uchisar : '뾰족한 바위'라는 뜻)성 언저리로 옮겨간다. 자연지형을 이용해서 만든 우치히사르성은 높은 언덕에 있고 매우 커서 어디서든 잘 보이지만 가까이 다가가서 감상한다. 높이 60미터나 되는 응회암을 뾰족하게 깎고 그 안에 주거공간을 만들었는데, 석회석이라 잘 파지고 뚫은 뒤에는 수분으로 더 튼튼하게 굳어지는 성질을 이용한 성(城)이다.

버섯도시로 알려진 파샤바 계곡으로 간다. 고깔모자를 쓴 괴상한 바위들이 하나둘 보이더니 언덕을 넘자 요정의 굴뚝이라고 일컫는 버섯바위들이 옹기종기 모여서 우리를 맞이한다. 풍화작용에 깎이는 정도가 제각각인 바위들이 이처럼 사람의 상상력을 뛰어넘는 예술품을 빚었다고 한다. 기막힌 절경이지만 해가 서산으로 기울고 있어서 서둘러 떠난다. 한 시간쯤 지난 7시에 악사라이(Aksaray)에 있는 그랜드 에라스(Grand Eras)호텔에 든다. 호텔이 높은 언덕배기에 있어서 시내의 불빛이 눈 아래에서 반짝거린다.

석회암으로 이루어진 기묘한 절경이 병풍처럼 펼쳐진 절벽과 여러 골짜기에 숨겨진 비경을 보면서 자연의 위대한 솜씨에 몇 번이고 감탄한다. 산이든, 들이든, 굴을 파고 들어가서 문명을 일구며 생활한 옛사람들의 슬기가 놀랍다. 길거리든, 음식점이든, 상혼(商魂)이 판을 치고 있지 않으므로 이곳 사람들은 때 묻지 않은 순수함을 그대로 간직하며 살아간다고 짐작된다. 오래된 골동품일수록 값진 것처럼 데린쿠유 땅속세계의 구조와 시설도 나이를 많이 먹어서 더욱 신비롭다. 구불구불 내려가는 비좁은 길모퉁이 어딘가에 생명이 그대로 감돌고 있는 듯 여겨진다. 몇 만 명이 생활한 땅속세계를 돌아보는 내내 개미집을 떠올리면서 고대 지하도시 건설의 기술도 놀랍지만 개미야말로 완벽한 기술을 지녔음을 새삼스럽게 느끼면서 감탄한다. '자연은 위대한 스승'이라는 말이 실감난다. 나는 어린 시절에 산으로 둘러싸인 두메산골에서 자랐으므로 도시 어린이보다 무엇이든 뒤떨어진 곳에서 초라하게 자란 줄 알았는데 그게 아니다. 오히려 자연이라는 위대한 스승의 품에 안겨서 자랐으니 가슴이 뿌듯하다.

악사라이에서 안탈랴까지

아내와 함께 바닷가를 끝없이 거닌다. 낭만은 젊은이 몫이지만 여유는 회갑 넘은 세대의 몫이라고 느끼며 아무도 없는 모래 벌을 마냥 걷는다. 끊임없이 밀려오고 쓸려가는 바닷물이 둘이 걷는 걸음에 맞춰 반주를 친다.

터키를 여행하면서도 여느 때처럼 꼭두새벽 3시부터 달리면서 새벽을 연다. 시골에서 자라던 어린 시절처럼 은하수가 초롱초롱하게 빛난다. 하늘에서 쏟아지는 별빛과 악사라이(Aksaray)시내 전등불빛이 마주보며 도란도란 지껄인다. 하늘과 땅의 불빛 사이에 감도는 맑은 공기를 마시며 새해 첫날에 달리지만 고원지대에 부는 칼바람이 살을 에듯 매워서 30분 동안만 달린다.

오늘은 악사라이를 떠나 지중해의 도시 안탈랴(Antalya)까지 관광하는 날이다. 버스만 8시간 이상 타므로 버스관광 날이나 다름없다고 안내원이 말한다. 8시 10분에 호텔을 나서서 악사라이에서 버스로 2시간 거리에 있는 콘야(Konya : '양의 가슴'이란 뜻)로 달려간다. 차창으로 보이는 산과 언덕의 등성이 중에 석회성분이 많은 곳은 눈이 쌓인 것처럼 하얗다. 끝없이 넓은 들에 풀과 나무도 거의 없고 개울과 강, 길짐승, 날짐승 및 사람도 보이지 않아서 을씨년스럽다. 콘야평원에서는 터키국민의 1년 양식이 되고도 남을 양의 밀이 생산되고, 사탕무를 많이 재배하고, 자두와 살구도 많이 생산된다고 한다. 길가에 밀 또는 사탕무 밭은 많이 보이지만 과수원은 별로 없다. 기후가 메말라서 특별정책을 마련하지 않으면 30년 이내에 콘야평원은 모두 사막으로 바뀔 것이라고 학자들은 경고한다. 지하수를 채울 비의 양보다 더 많은 양의 물을 뽑아 써서 땅이 가라앉는 일이 벌어질 만큼 사태가 심각하다. 농민들이 정부의 보조금과 수입이 많은 사탕무 농사를 많이 짓고, 정부 보조금과 수입이 적은 밀농사를 짓지 않으려고 하기 때문이다. 사탕무는 밀보다 5배나 많은 물이 필요하므로 정부정책이 환경재앙을 재촉하는 셈이다.

두 시간을 달린 뒤, 메블라나 교단의 본산지인 콘야에 도착해서 메블라나 박물관을 방문한다. 푸른색 타일로 장식된 탑을 거느린 메블라나 박물관과 바로 옆에 붙어있는 셀리미예 모스크가 반겨준다. 메블라나 교단은 철학자인 메블라나 젤랄레딘 루미(Mevelana Jelaleddin Alromi : 1207~1273)가 13세기에 창시한 이슬람 수피교단의 한 교파로 터키 특유의 이슬람이다. 메블라나는 유일신 알라와 만나려면 욕망과 집착을 버리고, 마음을 비우고, 금욕과 고행을 통한 끊임없는 기도생활을 해야 한다고 보았다. 메블라나 교단에서 특이한 것은 데비쉬(세마)라는 수도승의 춤이다. 한 손은 하늘로 향하고 다른 손은 땅을 향한 채 계속 원을 그리는 춤인데, 우리는 카파도키아에서 묵을 때 이 춤을 감상하였다. 메블라나 박물관에는 메블라나의 소지품, 신비스런 악기, 비문, 문서, 예술품들이 진열되어 있어서 이슬람 문화를 엿볼 수 있지만 우리는 맞은편에 있는 공동묘원에 대해 관심이 더 많아서 이슬람 장례와 무덤문화에 대해 알아보고 안탈랴로 떠난다.

콘야에서 안탈랴로 가려면 토루스('흰 황소'라는 뜻)산맥을 넘어야 한다. 토루스산맥으로 달려가는 길은 아침에 보던 경치와 색다르다. 콘야로 오던 길은 마을도 드물고 산과 들이 텅 비어서 황량하였는데 안탈랴로 가는 길은 풀과 나무가 점점 늘어나고 키도 조금씩 높아진다. 괴뢰메에 한두 그루뿐이던 살구과수원과 땅바닥을 기며 열매를 맺는 난쟁이 포도과수원이 많다. 푸른 소나무와 키가 큰 미루나무도 흔하다. 산을 덮은 흙도, 무수히 깔린 바위도, 토루스라는 이름답게 흰 빛이라서 흰 종이에 푸른 나무를 그려놓은 듯하다. 산맥의 전체 모습은 황소를 닮았는지 몰라도 우리나라에서 황토를 주로 본 눈에는 하얀 빛깔이 이색적으로 비친다.

키가 유달리 큰 상록수가 많아서 터키인안내원에게 물었더니 석회암지대에서 잘 자라고, 다 크면 8미터쯤 되고, 봄에 핀 녹갈색 꽃이 가을에 흑갈색 열매로 맺히고, 암수딴그루가 있는 노간주나무(juniper)란다. 바위와 나무들이 끊임없이 절경을 빚어내어서 눈을 뗄 틈이 없다. '산 풍경만 보아도 여행 온 보람이 있다'고 말하는 사람이 있을 정도다. 산등성을 넘어가다가 오래된 목조건물 식당에서 숯불구이 양갈비와 케밥으로 점심을 먹는다. 맛이 좋아서 양갈비를 더 주문했더니 우리나라 한우만큼 비싸다. 마을 아낙네들이 만든 수공예품을 팔려고 집 앞에 죽 늘어놓은 것이 인상 깊다.

안탈랴가 가까워질수록 길 양쪽에 잔뜩 들어선 과수원과 풀이 무성해진다. 토루스산맥을 넘어 소아시아에서 가장 잘 보존된 아스펜도스(Aspendos)극장으로 간다. 오리리어스 로마황제시대(Marcus Aurelius Antoninus: AD161~180)에 제노(Zeno)가 설계하고 쿠르티우스(Curtius) 형제가 지은 이 웅대한 야외 원형극장은 약 1만 5천명을 수용할 수 있다. 2층 구조로 되어 있는데, 육성이 직접 들리는 1층은 평민석이고 마주울림 소리가 곱게 들리는 2층은 귀족석이다. 여행은 몸소 겪으며 배우는 과정이다. 이 극장은 공연을 위해 지은 실용적, 예술적 건축물이다. 참새가 방앗간을 그냥 지나치지 못하듯, 성악을 배웠으므로 국내외 가곡을 연주하려고 무대에 선다. 성악을 공부한 보람을 느끼는 순간이다. 야외극장 구조물이 연주소리를 마주울림 소리로 바꾸어서 듣는 이의 가슴을 파고들며 전달한다. 이태리를 관광하다가 폼페이 야외극장에서 연주할 때처럼 노랫소리가 온몸을 울린다. 연주가 끝난 뒤 아내를 비롯하여 광장에 모인 모든 분들의 반응이 좋아서 흐뭇하다.

아스펜도스에서 4시 30분에 떠나 버스로 40분쯤 달리니까 안탈랴다. 시내에 들어서자 겨울비가 내린다. 예약된 쉐라톤(Sheraton)호텔 방에서 커튼을 젖히니 창문을 열면 "철썩"거리는 지중해 물이 금세 방으로 밀려올 기세다. 베란다에서 뛰어내리면 "첨벙"할 바닷가지만 빗방울이 굵어지고 안개와 어둠이 짙어져서 곧 소리만 들린다. 저녁을 먹은 뒤 아내와 함께 바닷가를 끝없이 거닌다. 낭만은 젊은이 몫이지만 여유는 회갑 넘은 세대의 몫이라고 느끼며 아무도 없는 모래벌을 마냥 걷는다. 끊임없이 밀려오고 쓸려가는 바닷물이 둘이 걷는 걸음에 맞춰 반주를 친다. 우산을 함께 받쳐 든 두 주먹을 수화기 삼고 빗줄기를 전선 삼아 '우리 가시버시 내내 건강하고 사랑하도록 이끌어 주세요.'하는 기원을 하늘에 보낸다.

서울에서 타이페이까지

거대한 장개석 동상이 저녁 햇살을 받아 반짝이는 것이 매우 인상적이다. 규모는 크지만 지난겨울 둘러본 터키의 아타튜르크 기념관보다 작다. 다른 나라에서 나라를 세운 분들의 기념관을 찾을 때마다 우리나라 건국을 위해 애쓴 초대 대통령이 떠오르고, 국민의 뜻을 모아 기념관 하나 변변하게 세우지 못한 우리의 현실이 안타깝다.

3박 4일 일정으로 타이완을 관광하려고 아내와 함께 7월 24일 아침 6시 45분에 대전종합청사 정거장을 출발하는 고속버스를 타고 인천국제공항으로 떠난다. 오전 8시 05분을 기해 소방방재청에서 서울, 경기, 강원지역에 호우경보를 발령한다고 버스에 설치된 텔레비전을 통해 듣는다. 집을 나설 때 흐리고 후텁지근했지만 비는 내리지 않았다. 청원 인터체인지를 지나니까 주룩주룩 쏟아진다. 누런 빛깔로 바뀐 서울 한강이 강변길을 금세라도 삼킬 듯 넘실거린다. 날씨가 사나워서 비행기가 못 뜰까봐 조바심이 생긴다.

작달비를 아랑곳하지 않고 버스가 제 때 공항에 도착하여 함께 여행할 분들과 인사한다. 여행할 일행은 7명의 중학교 동기동창과 한밭대학교 이시웅교수 및 김원용사장의 내외로 이루어진 열여덟 명이다. 출국수속을 밟고 12시에 비행기를 탄다. 댓줄기처럼 쏟아지는 빗발에서도 12시 50분에 이륙한다. 2시간 15분 동안 비행한 뒤, 타이페이 도원국제공항에 도착하여 현지 안내원인 등대강(謄大强)님을 만난다. 한국에서 자란 화교로서 타이완에서 공부하여 한국말도 잘하고 중국인의 느낌도 겸비해서 안내원으로서는 그만이다. 타이완 시간은 한국보다 한 시간 늦는다. 2시간 이상 비행기를 탔지만 현지 시각은 오후 2시 5분이다. 구름 한 점 없는 맑은 날씨에 기온은 34℃라서 견딜만하지만 습도가 80%라서 바깥을 걷는 동안 땀이 줄줄 흘러서 한증탕(汗蒸湯)에 들어선 기분이다. 1975년 장개석 총통이 사망한 뒤, 총통을 기리기 위해 1976년에 착공하여 1980년 3월 31일에 완공된 국립대만민주기념관으로 가는 도중에 버스에서 안내원이 타이완에 대해 간략히 설명한다.

타이완은 중국대륙과 160㎞ 떨어진 섬나라다. 면적은 35,980㎢로 99,260㎢인 남한의 약 1/3이고, 면적의 68.7%는 산이라 평지가 적고, 높이 100m 이상인 산지가 2/3이다. 동부에는 산맥이 많고, 평야는 대부분 서부에 있다. 쑤아오와 화롄(花蓮) 사이의 북단부에 대단애(大斷崖)가 형성되어서 깊은 협곡이 발달하였다. 아열대와 열대 해양성기후로 여름에는 고온다습하다. 기후가 온난하고 강우량이 풍부한 자연조건과 수리관개의 개발을 바탕으로 벼농사가 발달하여 북쪽에서는 2.5작, 남쪽에서는 3모작이 이루어져서 쌀이 자급되며 농업인구는 10.9%다. 섬이지만 해변이 갯벌 또는 깎아지른 낭떠러지기라서 해수욕장은 발달되지 않았다. 인구는 2,300만 안팎으로 한족(漢族)이 98%이고 원주민인 고산족(高山族)이 나머지 2%를 차지한다. 원주민은 오랫동안 12부족이었지만 2년 전에 새로 부족이 형성되어서 현재는 13부족이다.

중국에는 서로 통하지 않는 지방 말이 많다. 타이완의 공용어는 '만다린어(mandarin : 북경어)'다. 타이완의 남부지역에서는 푸젠(福建)성의 민난어(閩南語)를 많이 쓴다. 민난어는 한자(漢字)로 표기할 수 없는 낱말이 많아서 한족 언어와 다른 계통에 속하는 말로 여겨진다. 직장과 가정에서 남녀가 동등하게 일한다. 원주민은 천성이 게으르고 술을 좋아하는 편이다. 어린이 유괴사건이 자주 발생한 뒤부터 혼자 밖에서 노는 대신 집에서 전자오락이나 학원에서 공부하는 어린이가 많다. 조국을 위해 몸과 마음을 기꺼이 바치는 젊은이는 책에만 있고 대부분은 오로지 자신의 행복만을 추구하고 있다.

3시 40분에 국립 대만민주기념관에 도착하여 약 1시간 동안 둘러본다. 이 기념관은 중화민국의 건국영웅인 장개석총통이 세상을 뜬 뒤, 화교들의 성금으로 세운 대리석 건물이다. 애초에는 그의 호를 붙여 중정기념관으로 불렀으나 정권이 바뀌면서 국립 대만민주기념관으로 이름을 바꿨다. 기념관 정문을 들어서자 35℃ 안팎의 무더위에서도 파룬궁으로 수련하는 사람들이 바닥에 앉아 불교와 도교의 사상이 합쳐진 기공으로 정신을 집중하고 있다. 기념관에는 그가 입은 혼인예복, 의전차량, 필기구, 여러 나라에서 받은 선물, 자료사진, 부인 송미령여사가 그린 동양화 등이 전시되고 있다. 전시물 중 우리나라에서 받은 한국건국공로훈장과 박정희대통령과 함께 찍은 사진이 눈에 확 띈다. 그가 세상을 뜬 11시 50분을 가리키며 멈춰선 벽시계와 총통부를 바라보는 25톤짜리 거대한 장개석 동상이 저녁 햇살을 받아 반짝이는 것이 매우 인상적이다. 규모는 크지만 지난겨울 둘러본 터키의 아타튜르크 기념관보다 작다. 다른 나라에서 나라를 세운 분들의 기념관을 찾을 때마다 우리나라 건국을 위해 애쓴 초대 대통령이 떠오르고, 국민의 뜻을 모아 기념관 하나 변변하게[1] 세우지 못한 우리의 현실이 안타깝다.

타이완의 종교는 불교 · 도교 · 프로테스탄트(Protestant)[2] · 가톨릭 · 이슬람교 순으로 신도수가 많으며 종교적 갈등은 없다고 한다.

우리나라에는 기독교나 천주교를 뜻하는 십자가를 설치한 건물이 많지만 타이페이에는 신도수가 적어서 일부러 둘러보아도 없다. 오후 5시에 용산사에 들른다. 타이베이에는 많은 사원이 있다. 용산사는 불교와 도교가 하나의 사원에 존재하고 있는 오래되고, 유명하고, 전형적인 사원 중에 하나다. 관음(觀音), 마조(馬祖), 관공(關羽)을 비롯하여 살아생전에 은덕을 베푼 각종 신을 법당 뒤에 모셨다. 사원에는 뙤약볕이 내리쬐는 무더위를 무릅쓰고 이들을 참배하는 타이완 사람들로 부산하다.[3] 사원 구석구석에 향을 피운 연기가 자욱하고, 향냄새가 굽이굽이 감돈다. 돌기둥과 지붕 등에는 용의 모습과 역사적 인물들의 춤추는 모습이 많이 새겨져 있어서 한결 더 중국다운 사원 맛을 내고 있다.

오후 6시에 용산사에서 두 블록쯤 떨어진 타이페이 화시지에야시장(華西觀光夜市場: 일명 뱀 골목)을 걸어간다. 여름에 우리나라의 골목시장은 가게 안은 시원하지만 밖은 무덥다. 이곳은 골목 위에 지붕을 씌우고 골목 양쪽에 있는 200여 점포가 손님을 끌어들이려고 골목으로 에어컨의 냉기를 뿜어내므로 아주 시원하다. 속칭 뱀 골목답게 살아있는 뱀부터 술에 담겨진 뱀에 이르기까지 종류도 많고 개체수도 많다. 온갖 요리를 값싸게 파는 음식점도 많고, 성인용품을 파는 가게도 있고, 정력제를 파는 약국도 있지만 우리 일행은 힐끔 곁눈질만 할뿐 관심을 두는 사람은 아무도 없다.

서문정(西門町)에 위치한 식당에서 밤 8시에 저녁을 먹는다. 중학교 동기끼리 해외에서 맞이하는 첫날 저녁이라 술좌석이 무르익는다. 주정성분이 58도인 금문고량주(金門高粱酒)를 마시므로 술을 마시면 목구멍이 타는 듯 짜릿하지만 50년 우정에 곧 묽어져서 몇 병이 금세 동난다. 무더위가 맹위를 떨치므로 내일 관광프로그램에 순응하려면 술자리가 짧을수록 좋다. 그러나 우정 때문에 술자리가 길어진다. 비틀걸음으로 10대들이 몰려다니는 밤거리를 거닌다. 서문정은 타이페이시에서 최초로 형성된 보행자 거리다. 더운 탓에 짧은 옷만 달랑 입은 수많은 젊은이들이 끊임없이 오가고, 온갖 음식점이 널브러져 있는 등 우리나라 대도시 유흥가의 밤거리와 비슷하다.

밤 10시가 되어서야 타이페이에서 사흘 동안 묵을 플론호텔(Fullon Hotel)에 든다. 신시가지에 있는 호텔로 시설이 깔끔해서 마음에 쏙 든다. 방에 들어가니까 '즐거운 여행되세요. 하나투어 이효진과장 드림'이라는 이름표를 단 풍성한 과일바구니가 우리 내외를 반긴다. 우리의 여행을 뒷바라지하는 국내여행사의 예약담당과장이 베푼 친절이다. 아열대 과일의 종류도 많고 싱싱하지만 뜻밖에 선물을 받은지라 기분이 좋아서 더운 날씨마저 시원해진다.

1) 변변하다 : 잘 갖추어져 훌륭하거나 쓸 만하다.
2) 프로테스탄트(Protestant) : 16세기 루터, 칼뱅 등의 종교개혁에서 비롯된 그리스도교회. 신교(新教)·개신교(改新教)라고도 말하는데 한국에서는 기독교라고도 부른다.
3) 부산하다 : 어수선하고 바쁘다.

야류해양공원을 중심으로

기괴한 버섯모양도 많지만 버섯과 버섯 사이에 사랑을 상징하는 하트 모양의 바위와 촛대석이 특히 놀랍다. 촛대석은 석회질이 결합하여 생긴 심지와 바닷물의 격랑과 회전에 의해 환상형태로 만들어진 웅덩이도 갖추고 있다. 크고 작은 구멍들로 가득 찬 벌집암석과 화석도 보이고, 여왕 얼굴 모습의 여왕바위도 있다.

7월 25일, 타이완 관광 이튿날이다. 새벽에도 찬기는 없고 습도와 온도가 만만찮게 높다. 상해와 홍콩에서 머문 여름에도 이곳처럼 무더웠지만 꼭두새벽에 달리면서 더위를 물리쳤다. 그 때는 국제학술발표대회에서 논문을 발표하였으므로 술을 마시지 않았다. 어제 밤늦도록 중학교 동기들과 독한 술을 주고받아서 오늘 새벽에는 달리는 대신 발밤발밤[1] 걸어 다닌다. 아열대 풀이 무성하고, 야자수와 대나무가 많다. 우리나라 화분에서 기르는 온갖 아열대성식물이 각종 나무와 뒤엉켜서 제멋대로 자란다. 그 틈바구니에 섞여 있는 뽕나무가 반갑다. 매미가 가사를 까먹은 듯 "칙, 칙, 치~, 칙, 칙"만 되풀이하니까 음치노래를 자꾸 듣는 것처럼 짜증스럽다. 지금껏 여행하면서 우리나라의 참매미만큼 맑고 고운 소리로 "맴, 맴, 맴, 맴, 맴~~, 맴"하며 새벽을 시원하게 여는 소리를 들어본 적도 없고 우리나라만큼 매미의 종류와 개체수가 많은 나라를 가본 적도 없다. 곤충의 수가 많고 소리맵시가 빼어날 만큼 우리나라의 기후가 살기 좋은 곳임을 새삼스럽게 느낀다.

아침 8시에 호텔을 나와서 북경 자금성의 태화전을 모델로 호화롭게 지은 충렬사로 간다. 도중에 스쿠터 출근행렬이 많이 보인다. 길가에 모터사이클 전용 주차장은 물론 곳곳에 전용도로가 마련되어 있다. 남녀노소·빈부귀천·지위고하를 가리지 않고 스쿠터를 출퇴근용으로 이용하는 대중문화가 뿌리를 내렸음을 알 수 있다. 세계경제가 고유가 때문에 신음하고 있는 요즘 우리나라에도 스쿠터 출퇴근 문화가 하루 빨리 정착되기를 소망해본다.

충렬사는 중화민국 국민혁명과 항일운동 및 국민당 정부를 위해 순국한 33만 명의 군인과 열사의 넋을 기리는 곳이다. 10시에 도착하니까 매 시각마다 실시되는 위병교대식이 진행되고 있다. 위병들의 절도 있는 발걸음과 묘기는 물론 꼼짝없이 입구에 서 있는 위병의 모습이 많은 사람의 눈길을 끈다. 일반인은 자연스럽게 걷고 끊임없이 움직이는데, 로봇처럼 걷고 동상처럼 꼿꼿이 서 있는 파격(破格)이 사람들의 시선을 모으고 있다.

10시 40분에 런던의 대영박물관, 파리의 루브르박물관, 뉴욕의 메트로폴리탄박물관과 더불어 세계 4대 박물관에 속하는 국립고궁박물관에 도착했다. 신석기시대부터 청조(淸朝)에 이르기까지 약 75만

점의 유물을 소장하고 있는 보고(寶庫)지만 전시실의 규모는 1만 5천점만 전시할 수 있을 만큼 비좁다. 현재 3개월마다 교대해서 전시하므로 1년에 6만 점만 전시된다. 모두 전시하려면 12년이 걸릴 정도로 많은 유물을 소장하고 있는 박물관이다. 전시관은 지하 1층과 지상 1, 2, 3층으로 되어 있다. 지하 1층은 전시실 입구이고, 1층은 전시 안내 홀과 황실의 진귀물, 종교 조각상, 도서문헌 등이 전시되어 있고, 2층은 서화(書畵), 도자기, 법랑(琺瑯)[2], 칠기(漆器) 및 육조(六朝)에서 청대(淸代)까지의 기물(器物)이 전시되어 있고, 3층은 비취옥, 옥기(玉器), 청동기(銅器), 도자기(陶器) 및 신석기에서 한대(漢代)까지의 기물(器物)이 전시되어 있다. 1층 입구에 진열된 안내서 중에서 빨간색 표지로 된 한국어 전시안내도가 눈에 번쩍 뜬다. 진귀한 유물 중에서 당대(唐代)의 미녀상, 진귀한 송대서화(宋代書畵), 각종 공예, 온갖 고전장서, 황제들이 쓰던 물건, 쌍용을 새긴 건륭황제의 비취 옥 낙관 등이 특히 인상 깊다. 우아한 각종 청자와 백자도 놀랍지만, 올리브 씨앗 조각과 100년에 걸쳐 만들었다는 상아공은 더욱 놀랍다. 올리브 씨앗 조각은 작은 올리브 씨에 배를 조각했는데 여덟 사람이 타고 있고 배의 문이 여닫히도록 만든 기막힌 작품이고, 상아 공 조각은 공 안에 공을, 그 공 안에 또 공을 만들어 넣어서 모두 17개의 공이 하나의 상아에 들어있으며 공마다 조각을 새긴 매우 뛰어난 작품이다.

점심을 먹은 뒤 타이완 북쪽 해안 지룽의 서쪽에 있는 야류(野柳) 해양박물관으로 떠난다. 타이페이에서 버스로 1시간 쯤 달려서 오후

2시 30분에 도착하였다. 이곳은 일천만 년 동안 침식과 풍화 작용에 의해 형성된 각종형태의 바위가 길이 1.7㎞의 해안에 걸쳐 널려 있는 지질공원(地質公園)이다. 입장권을 끊고 들어가서 해상공원을 설명하는 비디오를 본다. 한국어로 설명하는 것으로 보아 한국인 관광 손님이 많은 것을 짐작할 수 있다. 비디오를 구경한 뒤, 바닷물에 의해 침식되고 오랜 시간에 걸쳐 사암 속의 성분이 강하게 결합하여 버섯 모양으로 형성된 바위가 떼로 모여 있는 바닷가로 간다. 요정의 굴뚝으로 유명한 터키 카파도키아의 파샤바계곡에서 본 버섯바위보다 규모는 작지만 아기자기하다. 기괴한 버섯모양도 많지만 버섯과 버섯 사이에 사랑을 상징하는 하트 모양의 바위와 촛대석이 특히 놀랍다. 촛대석은 석회질이 결합하여 생긴 심지와 바닷물의 격랑과 회전에 의해 환상형태로 만들어진 웅덩이도 갖추고 있다. 크고 작은 구멍들로 가득 찬 벌집암석과 화석도 보이고, 여왕 얼굴 모습의 여왕바위도 있다.

전망대와 병풍처럼 생긴 바위절벽이 있고, 바닷가에 바둑판 모양의 바위무늬도 외따로 있다. 35도를 넘나들면서도 바람 한 점 없는 무더위에다 새파란 하늘에서 강한 자외선이 마구 쏟아진다. 길에서 뚝 떨어진 바둑판석에는 아무도 갈 엄두를 내지 않아서 홀로 달려간다. 지층간의 변동에 의해 압력을 받아 눌려져서 절리가 형성되었다지만 신비롭게도 두부모양이나 바둑판처럼 네모반듯한 무늬가 일정한 크기로 바닷가에 넓고 길게 펼쳐져 있다.

야류박물관에서 1시간 동안 머문 뒤, 3시 30분에 버스로 10분 거리에 있는 함랍온천회관(哈拉溫泉會館)으로 떠난다. 바닷가 바람이 얼마나 거센지 산에 꼿꼿이 자라는 나무는 없고 바람이 부는 대로 이리저리 휩쓸리는 흐늘흐늘한 풀만 무성하다. 야류공원에서 버스로 30분 거리에 있는 국립공원인 양명산은 아름다운 폭포와 호수, 그림처럼 펼쳐지는 계단식 논, 하얀 수증기를 내뿜는 분화구, 김이 모락모락 솟는 유황온천 등으로 유명해서 가고 싶지만 안내원의 안내에 따라 가까운 욕탕으로 들어간다. 유황냄새는 풍기지만 터키의 파묵깔레 온천에는 어림도 없다. 노천탕과 욕탕은 잘 갖추어져 있지만 더위가 맹위를 떨치는지라 온천욕을 즐기는 사람은 우리뿐이다. 뜨거운 물로 더위를 다스리니, 말 그대로 뼛속까지 시원하다.

한 시간 이상 열탕에서 동기들과 함박웃음[3)]을 지으며 이야기꽃을 피운 뒤 오후 5시에 타이페이로 떠난다. 땅거미가 내려앉아 어스레할 즈음 각종 해산물과 육류를 마음껏 골라먹는 몽골리안 바비큐식당으로 간다. 밖은 무더위가 기승을 부리지만 안은 에어컨 시설이 잘 작동하고 있어서 서늘하다. 주정성분 58도인 고량주(高粱酒)를 물처럼 마시며 밤이 이슥하도록 우정을 다진다. 이승을 떠난 것처럼 근심과 걱정은 내동댕이치고 천진난만한 중학교시절로 돌아가서 티없이 즐거운 이야기로 밤을 수놓으니 천국이 따로 없다. 이틀을 몰려다니며 이야기의 보따리를 풀지만 끝이 보이지 않는다.

1) 발밤발밤 : 발길이 가는 대로 한 걸음 한 걸음 천천히 걷는 모양.

2) 법랑(琺瑯) : 금속기(金屬器)·도자기 따위의 표면에 구워 올려 윤이 나게 하는 유약(釉藥)

3) 함박웃음 : 환하게 크게 웃는 웃음.

화련지역을 중심으로

절벽에 뻥뻥 뚫린 굴이 연자구라는 안내원의 말을 듣고 쳐다보니 하늘에서 절벽을 늘어뜨린 듯 까마득하다. 그런 곳에 굴을 뚫고 새끼 치는 제비가 놀랍고, 원숭이 뇌를 먹으면 머리가 좋아진다고 믿고 가파른 절벽에 길을 내고 사냥을 다닌 원주민의 체력과 담력도 보기보다 애바르다.

타이완 관광 셋째 날인 7월 26일에도 아침 일찍 호텔을 떠나 8시에 타이페이역(臺北驛)에 도착하여 표를 끊고, 9시에 출발하는 자강호 열차로 화렌(花蓮)지역으로 떠난다. 자강호는 우리나라 새마을호 수준에 해당하는 열차다. 객차 안에 현대정공(現代精工)제작 표시가 있어서 정감이 간다. 우리가 탄 객차는 한국 관광손님 일색이다. 우리보다 나이 많은 분은 보이지 않고 온통 젊은이뿐인데, 웃고 떠드는 소리가 중국 사람만 탄 옆 칸보다 훨씬 더 크다. 여러 사람이 몹시 시끄럽게 떠들 때 '호떡집에 불난 것 같다.'고 말하는데 앞으로는 '한국사람 탄 객차 같다.'고 말할 만큼 몹시 북새질친다.[1] 한국 사람의 활기찬 모습으로 볼 수도 있지만, 천상천하유아독존(天上天下唯我

獨尊)에 안하무인(眼下無人)이 빚은 무질서의 극치로 볼 수도 있다.

깎아지른 듯이 험준한 중앙산맥 꼭대기에 흰 구름이 걸려서 환상적인 여름풍경을 연출한다. 산을 뚫고 지나가는 수많은 터널, 바나나·파파야 등의 아열대성 과수원, 고구마·땅콩 등의 농장, 검푸른 태평양 바닷가 등을 2시간 40분 동안 달린 뒤 11시 40분에 신성(新城 : 太魯閣)역에 도착한다. 점심을 먹고 아미(阿美 : 우라이)족의 민속춤을 구경한다. 아미족은 벼농사를 주로 짓는 화련의 고산족(高山族)으로 타이완의 13개 원주민 중에서 인구가 가장 많은 종족이다. 종족고유의상을 차려 입은 남녀 젊은 사람들의 춤과 노래가 40분 동안 화려하게 펼쳐진다. 공연이 끝날 무렵 춤추던 사내 한 명이 내게로 다가와서 무대로 나오라고 손짓한다. 나이에 어울리지 않아 열없게[2] 웃으며 머줍게[3] 움직이니까 손목을 잡아끈다. 얼떨결에 나가 민속 모자를 쓰고, 화려한 윗도리를 입고, 리듬에 맞춰 함께 춤을 추었더니 아가씨 옆에 무릎을 꿇고 앉으란다. 알아들을 수 없는 노래를 부르더니 아가씨를 업고 공연장을 돌아다니라고 몸짓하더니 사진을 찍는다. 나도 모르게 그들의 혼인풍속에 따라 혼인예복을 입고 장가를 든 셈이다. 말똥말똥 바라보는 아내 앞에서 장가를 들었으니 장난인 줄 알지만 어리둥절하고 머쓱하다. 공연이 끝난 뒤 아가씨를 업은 혼인사진을 대리석 사진틀에 담아서 미화 14달러를 요구한다. 멋쩍어서 그냥 나가려니까 아내가 웃으며 선뜻 돈을 지불한다.

공연장에서 밖으로 나왔더니 푸른 하늘이 짙은 잿빛으로 바뀌고 왜바람이 휘몰아친다. 태풍 봉황(鳳凰)이 발생하여 이곳 화련지역으로 접근 중이라고 안내원이 말하면서 오늘 오후에 타이페이행 비행기 또는 내일 한국으로 돌아가는 비행기가 이륙하지 못할까봐 걱정이 태산이다. 이곳은 우리나라 제주도처럼 태풍이 상륙하는 길목이면서도 대리석과 옥이 많이 묻혀 있는 천연자원의 보고(寶庫)다. 이곳 대리석만 팔아도 타이완 인구가 10년 동안 손가락 까딱 않고 지낼 수 있을 만큼 12㎞의 길이에 1㎞의 깊이로 많이 묻혀 있다고 한다. 가까운 대리석 공장으로 가서 크고 작은 대리석 조각(彫刻)과 옥을 구경하고, 미화 75달러짜리 비취옥과 분홍빛깔의 옥으로 꽃 모양을 빚은 브로치를 아내에게 선물한다. 흐뭇해하는 아내를 보는 순간 14달러짜리 혼인사진 때문에 어줍던 마음이 홀가분해진다.

2시 30분에 타이루꺼(太魯閣)협곡으로 떠난다. 타이루꺼협곡은 타이완에서 네 번째로 지정된 국가공원으로 대만의 100대 준봉 중 제27위이고, 쑤아오와 화렌 사이에 형성된 대단애(大斷崖)이다. 협곡으로 들어가는 도로 옆 강바닥에 자갈이 많은 것으로 보아 비가 내릴 때 위에서 휩쓸려 내려온 것이며, 물 빛깔이 흐린 것은 석회성분이 많이 섞인 것으로 짐작된다. 입구에 빨간 꽃이 핀 봉황나무 가로수가 터널처럼 빼곡히 들어선 풍경이 인상적이다. 3시쯤에 장춘사가 보이는 언덕에 닿는다. 가파른 녹색 절벽 앞에 세운 장춘사는 한 폭의 그림이다. 붉은 지붕과 하얀 벽이 산의 녹색과 잘 어울리고, 앞에 하얀 물빛의 폭포가 흐르고, 바로 밑에 벌판 한가운데를 흐르는 강이 있어서 경치가 아름답다. 그러나 물빛깔이 개흙처럼 흐리고,

강 언저리에는 풀 한포기가 없어서 매우 황량하다. 깊은 산속이지만 식물조차 살 수 없는 흙이니까 보기에는 그럴듯하나 실속이 없으므로 '빛 좋은 개살구' 바로 그것이다. 장춘사에는 중부횡단도로(中横公路)를 건설하다가 숨진 212명의 영령을 모신 사당이 있다고 한다. 장춘교(長春橋)를 건너 장춘사로 들어가는 관광손님도 많지만 우리 일행은 멀리서 바라보다가 타이루꺼협곡을 따라간다.

타이루꺼협곡은 대리석과 화강암으로 이루어진 산이 강물의 침식작용으로 깎여서 생긴 좁은 골짜기다. 대리석기둥이므로 아내와 함께 가본 이태리의 카프리섬처럼 깎아지른 절벽이 오랜 기간 조금도 무너지지 않고 끄떡없이 버티고 있다. 아내와 몇몇 일행은 절벽 꼭대기 숲에서 타이완 원숭이가 나무를 흔드는 모습을 보았다지만 순간포착이 느린 나는 그 광경을 못 보고 지나친다. 절벽에 뻥뻥 뚫린 굴이 연자구(燕子□: 제비가 많이 사는 굴)라는 안내원의 말을 듣고 쳐다보니 하늘에서 절벽을 늘어뜨린 듯 까마득하다. 그런 곳에 굴을 뚫고 새끼 치는 제비가 놀랍고, 원숭이 뇌를 먹으면 머리가 좋아진다고 믿고 가파른 절벽에 길을 내고 사냥을 다닌 원주민의 체력과 담력도 보기보다 애바르다.[4] 평탄한 길과 꼬불꼬불한 터널을 걸으면서 19㎞의 타이루꺼협곡의 경치를 구경한다. 낙석(落石)조심의 표지판이 보이는 터널을 지날 때 휘몰아치는 강풍에 모골이 송연해져서 나도 모르게 아내를 안전한 곳으로 잡아당긴다. 걷는 내내 하늘을 찌를 듯 솟아오른 산 사이에 난 좁은 길, 수 백 미터 아래로 흐르는 강, 군데군데 시원한 폭포의 물줄기 등이 만고천하에 장관(壯觀)을 연출한다.

4시 40분에 심연(芯蓮)비행장에 도착하여 80석 규모의 경비행기를 탄다. 아내와 시베리아를 관광하려고 몽골 울란바토르에서 탔던 비행기와 크기가 비슷하다. 비행기는 5시 05분에 이륙하여 흰 구름을 두른 산봉우리들을 가볍게 넘어서 35분 후에 타이페이 공항에 도착한다. 잔뜩 흐린 타이루꺼협곡의 하늘과 달리 타이페이 하늘에는 하얀 뭉게구름만 두둥실 떠다닌다.

이튿날인 7월 27일 아침, 퍼붓는 빗속에서 호텔을 떠나 공자의 위패를 모신 보안궁으로 간다. 마침 비가 그쳐서 의학의 신인 보생대제(保生大帝) 앞에서 참배하는 수많은 사람과 용 기둥 등의 아름다운 건축물을 구경하고, 시민들의 휴식처로 이용되고 있는 보안궁 공원을 둘러본다.

태풍의 영향으로 날씨는 사납지만 예정시각에 타이페이 공항을 떠나 인천으로 돌아온다. 3박 4일 동안 여행한 타이완은 고온다습해서 에어컨 시설 없이 여름을 나기 힘든 기후지만, 풍부한 천연자원이 국가경제의 든든한 버팀목으로 작용하고 있다. 타이완은 나날이 기름 값이 천정부지로 치솟는 현실에 알맞도록 일찌감치 스쿠터문화가 대중적으로 뿌리를 잘 내렸다. 타이페이의 강물은 흐리지만, 서울 한강물은 맑고 깨끗하다. 타이완의 타이루꺼협곡은 심심유곡인데도 물고기가 살지 못하는 석회수가 흐르지만, 우리나라는 골짜기마다 맑은 물이 흐른다. 타이완의 연평균강우량은 2,580㎜로 1,200㎜ 정도인 우리나라보다 두 배 이상 많은데다 태풍의 피해가 심각하고, 일본처럼 강력한 지진도 잦아 피해를 크게 입는 편이다. 장단점을 비교해볼수록 우리나라가 타이완보다 훨씬 더 살기 좋은 기후와 흙임을 느낀다. 분에 넘치도록 복 받은 땅에서 살고 있다. 우리나라가 한결 더 발전해서 넉넉하게 사는 앞날을 바라며 인천국제공항에 들어선다.

1) 북새질치다 : 야단스럽게 북새놓다. 북새치르다.
2) 열없다 : 조금 부끄럽다.
3) 머줍다 : 몸놀림이 느리다. 굼뜨다.
4) 애바르다 : 이익을 좇아 덤벼드는데 발밭다.

제5부 가장 편한 삶

넋을 운반하는 캐리어

차격과 인격

고달프고 위험한 삶

가장 편한 삶

맹물에 조약돌 삶은 맛

작품을 올려놓은 무대

여울물은 거듭 부딪치지 않는다

개구쟁이 행동

사랑의 매와 폭력의 매

넋을 운반하는 캐리어

몸을 실어 나르는 캐리어에 자동차가 있듯 몸은 넋을 운반하는 캐리어다. 차는 사람이 운전하는 대로 이동하고, 몸은 넋이 부리는 대로 움직인다. 운전사가 내린 차가 움직이지 못하듯 넋이 내린 몸도 움직이지 못한다.

봄이 올 때마다 대학교정은 새로 탈바꿈해서 날듯이 활발하고 생기가 넘친다. 고등학교를 갓 졸업한 팔팔한 젊은이들이 대학생활을 시작하느라고 바삐 움직이기 때문이다. 숫진 마음으로 한창 때를 노래하므로 그들이 주인공이 되어 펼치는 무대는 모두 아름답다.

수업에 임하는 열정, 운동장이 들썩하는 포효, 호랑이처럼 돌진하는 질주, 각양각색 스타일과 빛깔로 꾸민 머리, 꽉 끼거나 헐렁한 옷, 몽총하거나 질질 끌리는 바지자락, 시원스레 내뿜는 담배연기, 몸을 가누지 못하도록 마시는 술. 젊음, 희망, 여유, 개성이 있어서 좋다. '이것이 바로 멋진 인생'이라서 신바람이 절로 난다.

인생을 즐겁게 노래하는 데 있어서 가장 중요한 요소는 튼튼한 몸이다. 몸을 실어 나르는 캐리어에 자동차가 있듯 몸은 넋을 운반하는 캐리어다. 차는 사람이 운전하는 대로 이동하고, 몸은 넋이 부리는 대로 움직인다. 운전사가 내린 차가 움직이지 못하듯 넋이 내린 몸도 움직이지 못한다. 넋이 내린 몸을 우리는 '죽었다'고 말한다.

차는 굴러가다가 고장이 나면 얼마든지 새 부속으로 갈아 넣을 수 있다. 몸에는 사람이 고칠 수 없는 병이 너무도 많다. 옛날에는 평균수명이 짧아서 몸이 많이 망가지기 전에 죽은 데다 살림이 빠듯해서 넋을 운반하는 캐리어를 보살필 겨를이 없었다. 지금은 평균수명이 급격히 늘고 있으므로 자신의 몸이 해지거나 망가지지 않도록 잘 간수해야 한다.

얼굴이 푸석하도록 밤새 술을 들이마시는 버릇은 몸을 무너뜨리는 지름길이다. 가슴 깊이 빨아들이는 담배연기는 호흡기관을 결딴내는 길로 이끄는 길라잡이다. 무지개 빛깔로 물들인 머리털은 코팅이 신선한 공기를 차단해서 결이 약해질 수 있다. 컴퓨터게임에 빠져서 날밤을 자주 새면 그 대가로 시력이나 목숨을 바쳐야 한다.

바야흐로 개인의 행복을 추구하는 세태요, 장수의 시대다. 몸이 튼튼해야 행복할 수 있고 장수하는 보람이 있다. 건강할 때 건강을 지키자.

차격과 인격

차는 싣는 짐에 따라 이름이 붙고 차격이 결정된다. 승용차, 회사차, 화물차, 쓰레기차, 영구차. 몸도 넋이 하는 바에 따라 이름이 붙고 인격이 정해진다. 학생, 과학자, 예술인, 농부, 군인, 깡패, 죄수.

자동차는 주인의 뜻에 따라 겉치레가 이루어진다. 깨끗하든 더럽든 굴러가는 데는 마찬가지다. 그렇지만 기분은 크게 다르다. '보기 좋은 떡이 먹기도 좋다'는 말이 있지 않은가!

차를 사랑하는 사람은 차에 관심을 많이 기울인다. 심심해서 소일거리로 세차하고 정비하는 것이 아니다. 자신을 위하고, 남을 배려하고, 부지런하기 때문이다. 잘 관리된 차를 모는 사람은 삼가고 조심하면서 운전한다. 안전하고, 깨끗하고, 돋보여서 좋다.

세차하지 않으면 안팎이 더러워지게 마련이다. 통이 큰 사람이라 세차 따위는 쩨쩨해서 안 하고, 바빠서 엉망인 채 몰고 다니는 것이 아니다. 관심이 없거나 게으르기 때문이다. 불결한 차는 험하게 몰기 쉽다. 길거리 문화가 낮아지고 차의 성능도 나빠지기 쉽다. 차가 너절하면, 불안하고 얕잡아 보여서 마뜩잖다.

차의 겉치레가 운전사에 따라 달라지듯 인격도 넋에 따라 달라진다. 우리는 남에게 비치는 모습에 따라 대접을 받는다. 그래서 몸을 깨끗이 씻고, 돋보이게 맵시를 내고, 끊임없이 수양해서 인격을 높이려고 애쓴다. 몸에 때가 끼고, 옷차림이 허름하고, 무식해도, 움직이는 데 아무 지장이 없다. 자신과 주변 사람이 불쾌하고, 남에게 업신여김 당하고, 병들기 쉬울 뿐이다. 차는 싣는 짐에 따라 이름이 붙고 차격이 결정된다. 승용차, 회사차, 화물차, 쓰레기차, 영구차. 몸도 넋이 하는 바에 따라 이름이 붙고 인격이 정해진다. 학생, 과학자, 예술인, 농부, 군인, 깡패, 죄수.

마냥 세워두는 차보다 날마다 움직이는 차가 고장 없이 잘 굴러간다. 몸도 꼼짝도 않는 것보다 날마다 운동해야 생기가 돌고 병이 생기지 않는다.

넋이 실린 소중한 몸. 튼튼한 몸에 좋은 넋이 실린다. 몸을 튼튼하게 가꾸는 것이 훌륭한 인격을 갖추는 첫걸음이다. 경칩을 시샘하는 매운바람이 불지만 이미 봄기운이 스며들어서 한풀 꺾인 추위다. 굳은 껍질을 밀치고 올라오는 새 생명의 외침이 가득한 산천으로 나가 활기차게 걷고 달려서 몸을 튼튼하게 가꾸자.

고달프고 위험한 삶

●●●

살이 찐 만큼 무거운 짐을 짊어지는 셈이므로 삶은 자꾸 고달파진다. 걸어도 숨이 차고, 식곤증과 춘곤증을 자주 느끼고, 코고는 소리가 크고, 무더위에 시달리고, 책상다리로 앉으면 금세 저려 온다.

늘 무거운 짐을 짊어진 채 지내라고 하면, 누구든지 왜 쓸데없이 고달프게 사느냐고 되물으면서 손사래를 치고 펄쩍 뛸 것이다. 바보가 아니고야 당연하다. 그런데 그렇게 사는 사람이 더러 눈에 띄어서 안타깝다.

영양분이 좋은 음식을 많이 먹고 적게 움직이면, 남은 에너지가 굳기름으로 바뀌어서 몸에 쌓이게 된다. 많이 쌓일수록 움직이는 것을 싫어해서 더 쌓인다. 살이 찐 만큼 무거운 짐을 짊어지는 셈이므로 삶은 자꾸 고달파진다. 걸어도 숨이 차고, 식곤증과 춘곤증을 자주 느끼고, 코고는 소리가 크고, 무더위에 시달리고, 책상다리로 앉으면 금세 저려 온다. 달리기와 걷기는커녕 똑바로 앉는 것도 힘들다. 등을 기대고 앉거나 누워야 편하다.

뚱보로 사는 길에는 많은 위험이 도사리고 있다. 중풍, 고혈압, 동맥경화, 당뇨, 담석증, 호흡곤란, 고지혈증, 지방간, 성욕감퇴 등의 성인병이 그것이다. 언제 무슨 변고가 닥칠지 모르는 빨간 불이 켜진 삶이다. 지뢰밭 위에 집을 짓고 사는 꼴이다. 그걸 모르고 '설마' 하다간 큰코다친다. 몹쓸 병이 닥쳐서 몸이 송두리째 무너지거나 한마디 말도 못하고 갑자기 저 세상으로 훌쩍 떠나갈 수도 있다.

뒤룩뒤룩 살 찐 셈치고 20㎏의 짐을 짊어진 채 몇 달 동안 자고, 먹고, 일하고, 쉬면서 지내보자. 너무 고달파서 짐을 내려놓고 싶어 안달이 나고, 지친 나머지 모든 게 귀찮아질 것이다. 게다가 눈앞에 성인병 인자가 득시글거린다면 얼마나 참담하겠는가! 뚱뚱한 몸으로 지낸다는 것이 그만큼 고달프고 위험한 삶이다.

운동을 적게 해서 살찐 사람이여! 많은 살을 짊어지고 허덕거리며 불안하게 살겠는가, 태워버리고 마음 놓고 지내겠는가? 봄을 시새우는 막바지 추위가 며칠 전까지 잎눈과 꽃망울에 눈을 뿌렸지만, 파릇파릇 돋는 싹과 슬어놓은 개구리 알에서 봄은 무르익고 있다. 봄맞이 가자, 새 생명을 축복하는 노랫소리가 울려 퍼지는 들로 산으로. 내친김에 날마다 활기차게 움직여서 몸에 넘치는 굳기름을 태우자, 자신의 고귀한 몸이 편안하고 홀가분하도록.

가장 편한 삶

●●●

누구든 편하고 튼튼하게 살기를 바란다. 편하려면 잠자야 하고, 튼튼하려면 달려야 한다. 잠자기보다 더 편하려면 숨쉬기와 피돌기도 멎어야 한다. 이 세상에 그런 삶은 없다. 저 세상에 있다.

우리가 음식물에서 얻은 에너지는 열 발생 및 운동으로 소모되거나 다른 형태로 몸에 남는다. 대부분의 에너지는 체온유지, 혈액순환, 음식물소화 등으로 소모되고 일부가 외부운동으로 소모된다. 먹을거리, 입을 거리, 잠잘 거리를 외부운동으로 장만하면서 행복하게 살라는 조물주의 뜻일 것이다.

쓰고 남은 에너지 중 일부는 굳기름으로 몸에 쌓인다. 이것은 필요할 때 몸에 열량을 공급하는 에너지 저장창고다. 그런데 굳기름이 너무 많이 쌓이면, 삶을 송두리째 결딴내는 성인병의 온상으로 바뀐다. 이렇게 만든 것은 먹은 만큼 부지런히 움직이면서 즐겁게 살라는 조물주의 뜻일 것이다.

외부운동은 잠자기, 눕기, 앉기, 서기, 걷기, 달리기의 여섯 가지 자세로 나눌 수 있다. 이들을 날마다 규칙적으로 알맞게 해야 몸과 정신이 건전하고, 마음도 넉넉해진다. 그렇지만 잠자기, 눕기, 앉기는 편해서 많이 하고 서기, 걷기, 달리기는 힘들어서 게을리 하기 쉽다. 편하게 지내면 쇠약해져서 무덤이 가까워지고, 걷고 달리면 튼튼해져서 질병과 담쌓고 지내는 데도 말이다.

아무리 음식이 맛있어도 한 가지만 먹으면 이내 물리고 몸에도 나쁜 것처럼, 편하다고 해서 누워만 지내도 곧 지긋지긋해지고 탈이 생긴다. 멀쩡한 사람도 며칠 못 가서 생병을 앓는다. 소화도 안 되고, 옆구리도 결리고, 끝내는 온 몸이 쑤신다. 그런데도 왜 그리 편하게만 살려고 그러는지…….

칼로리가 높은 음식을 많이 먹으면서 외부운동량이 적으면 중풍, 고혈압, 당뇨 따위의 성인병에 걸리기 쉽다. 이런 병이 코앞에 닥쳤는데도 당장 아프지 않다고 정상으로 안다면 그것은 착각이다. 건강의 질에도 등급이 있다. 성인병에 걸릴 확률이 그 척도다. 그 확률은 편하게 살수록 높아진다.

누구든 편하고 튼튼하게 살기를 바란다. 편하려면 잠자야 하고, 튼튼하려면 달려야 한다. 잠자기보다 더 편하려면 숨쉬기와 피돌기도 멎어야 한다. 이 세상에 그런 삶은 없다. 저 세상에 있다. 걷고 달리는 것이 싫거나 힘들 때 스스로 물어보자. 이 세상에서 어떤 편한 삶을 그토록 원하는가?

맹물에 조약돌 삶은 맛

●●●

오랜 세월에 걸쳐 세상 구석구석 고루 잘 발달된 것이 노래와 춤이다. 동포든 이방인이든 처음 만나는 사람끼리 한 자리에서 노래하고 춤추며 손뼉을 쳐도 어색하지 않은 것은 그 때문이다. 노래하고 춤추면서 시간을 보내다 보면 금세 흉허물 없는 사이가 된다.

피아노에 있는 88개의 건반 중에서 한 건반만 계속 친다면 너무 단조로워서 듣는 사람이 곧 질린다. 옥타브 범위에서 바뀌는 곡의 뜻과 정신을 살려 리듬, 가락, 화성이 어우러진 연주를 해야 오래 들어도 감미롭다. 아무리 행복해도 변화가 없다면 곧 무뎌져서 따분하고 지루하다. 변화를 꾀하며 살아야 즐겁고 맛깔스럽다.

그런 변화 중에 하나가 여행이다. 우리나라는 물론 세계화 시대이므로 때때로 다른 나라로 떠날 수도 있다. 돌아다니다 보면, 낯선 사람과 한 자리에서 즐겁게 지내기도 할 것이다. 처음 만나서 어색한 사람끼리 마음의 벽을 허물고 아기자기하게 지내는 방법에는 여러 가지가 있을 수 있다.

이 세상에는 소리나 몸짓으로 자신의 감정을 나타내는 곤충과 짐승이 많다. 사람도 동서고금, 빈부귀천, 남녀노소를 가리지 않고 희로애락의 감정을 온갖 소리와 몸짓으로 나타내고 있다. 그래서 오랜 세월에 걸쳐 세상 구석구석 고루 잘 발달된 것이 노래와 춤이다. 동포든 이방인이든 처음 만나는 사람끼리 한 자리에서 노래하고 춤추며 손뼉을 쳐도 어색하지 않은 것은 그 때문이다. 노래하고 춤추면서 시간을 보내다 보면 금세 흉허물 없는 사이가 된다. 그렇게 보낸 정겨운 시간은 아름다운 추억으로 오랫동안 머릿속에 남게 된다.

여러 나라 사람이 모여서 즐겁게 보내는 자리에 앉아 있다고 가정하고 스스로 묻고 대답해 보자. 내가 참으로 즐기며 부리는 재주는 무엇인가? 내가 남 앞에서 기꺼이 부릴 수 있는 재주는 무엇인가? 국적, 남녀, 나이를 떠나서 남과 즐겁게 어울려서 부릴 수 있는 재주는 무엇인가?

딱히 답할 것이 없다면 그 삶이야말로 맹물에 조약돌 삶은 맛이다. 이제부터 성악이든, 악기연주든, 무용이든 즐거운 마음으로 재주를 익히자. 그것이 어렵다면 배달자손답게 판소리든, 민요든, 풍물놀이든, 민속춤이든 제대로 배우자, 순수한 우리 것이 가장 돋보이는 세계적 재주이니.

작품을 올려놓은 무대

●●●

돈은 많이 모아서 다른 사람에게 으스대거나 저 세상으로 잔뜩 짊어지고 올라가서 자랑하려고 버는 것이 아니다. 자신과 가족의 생계에 쓰고, 재능을 길러서 삶의 질을 높이고, 남을 위해 올곧게 쓰려고 버는 것이다.

독창연주는 이 세상에 하나뿐인 자신의 목소리로 자신만이 연출하는 작품을 무대에 올려놓고 청중의 반응으로 점수를 매기는 예술이다. 우리는 완전히 똑같은 연주를 결코 두 번 할 수 없는 존재다. 같은 곡을 같은 성악가 또는 다른 성악가가 열심히 연습하고 무대를 옮기며 여러 번 연주해도 제각각 가치가 있는 것은 이 때문이다.

인생도 이 세상에 하나뿐인 자신이 연출하는 독특한 작품을 무대에 올려놓는 예술이다. 되풀이될 수 없는 인생무대에 올려놓은 작품에 개성과 독창성과 진지성(眞摯性)이 없다면 얼마나 어이가 없겠는가? 진짜부자는 재물을 욕심껏 거머쥔 사람이 아니라 끊임없이 재능을 길러 인생무대에서 맘껏 끼를 발휘하는 사람이다.

돈은 많이 모아서 다른 사람에게 으스대거나 저 세상으로 잔뜩 짊어지고 올라가서 자랑하려고 버는 것이 아니다. 자신과 가족의 생계에 쓰고, 재능을 길러서 삶의 질을 높이고, 남을 위해 올곧게 쓰려고 버는 것이다. 버는 족족 쌓아놓기만 한다면 그 돈의 가치는 한낱 종잇조각 쓰레기와 다를 바 없다.

지금은 웰빙 추구시대다. 어떤 사람은 웰빙을 잘 먹고, 잘 입고, 잘 놀고, 잘 자는 것으로 알고 있다. 스포츠, 음식, 의복, 주택 등에서 물질적 풍요로 해석하여 상업적으로 선전하는 경우도 있다. 웰빙은 '행복한 · 건강한 · 부유한 상태'를, 반대로 일빙(ill-being)은 '행복 · 건강 · 부유가 모자라는 상황'을 말한다. 웰빙은 호화로운 물질적 삶이 아니라 행복한, 건강한, 풍요로운 문화적 삶을 뜻한다.

프랑스 대통령이던 퐁피두는 다음을 '양질의 인생을 살아가는 다섯 가지 요건'으로 들고 있다. 첫째, 하나의 외국어를 잘 한다. 둘째, 하나의 스포츠를 즐긴다. 셋째, 한 가지 악기를 잘 다룬다. 넷째, 한 가지 남다른 요리솜씨를 가지고 있다. 다섯째, 정의롭게 산다.

이 요건을 거울삼아 개성과 웰빙을 중시하는 시대를 살아가는 자신을 비춰보자. 스스로 삶의 질이 판단될 것이다. 자아가치를 구현하는 인생무대에 양질의 독특한 작품을 올려놓도록 끊임없이 재능을 갈고 닦으며 살아가자.

여울물은 거듭 부딪치지 않는다

●●●

지금 섭돌에 부딪치며 흐르는 물이 그 자리에 되돌아와서 거듭 부딪칠 수 있을까? 그렇게 되려면 증발된 뒤 구름으로 떠돌다가 빗물로 산꼭대기에 떨어져서 똑같은 물길로 흘러야 한다. 그것은 현실적으로 불가능하다.

어릴 때 정월 대보름쯤이면 밤이 이슥하도록 깡통에 땔감을 넣고 휘두른 사람이 많을 것이다. 그때 깡통불은 '선(線)'으로 보이면서 예쁜 원을 그렸을 것이다. 시각도 휘둘려지는 깡통불과 똑같다. 한 점의 불이 눈에 남아 있는 잔상 때문에 '선'으로 보인 것처럼, 시간 속에 한 순간인 시각도 기억에 의해 머무름 없는 '시간'으로 느껴진다. 깡통에서 타는 땔감은 시시각각 변한다. 우리가 살면서 겪는 일도 땔감처럼 늘 변한다. 시각이 지날 때마다 그 모습은 영원히 사라지고 기억에만 생생하게 남아 있다.

사람도 시시각각 변한다. 하룻밤 헤어졌다가 다시 만나는 사람도 변했지만 똑같다고 착각할 뿐이다. 그러나 시간을 하룻밤에서 10년쯤 벌려서 만나면 확실히 변했음을 느낀다. 친구끼리라면 옛일을 미주알고주알 기억으로 들추며 20년의 시각들을 시간으로 이어간다.

'시각은 곧 영원'이지만 미욱하게도 우리는 그걸 알아채지 못한다. 갑자기 큰 변화가 닥쳐야 비로소 알게 된다. 예컨대 가까운 사람이 변고를 당해 갑자기 세상을 등져서 다시는 볼 수 없을 때, '변고의 시각이 곧 영원'임을 안다. 그런 시각에서 생기는 우리네 분한 일, 억울한 일, 슬픈 일, 언짢은 일 등도 마찬가지로 생긴 즉시 영원히 떠났음을 알면 상처도 쉽게 아물고 마음도 너그러워진다.

조용히 골짜기의 여울물을 바라보자. 지금 섭돌에 부딪치며 흐르는 물이 그 자리에 되돌아와서 거듭 부딪칠 수 있을까? 그렇게 되려면 증발된 뒤 구름으로 떠돌다가 빗물로 산꼭대기에 떨어져서 똑같은 물길로 흘러야 한다. 그것은 현실적으로 불가능하다. 그것이 자연의 순리다.

사람끼리 생긴 불쾌한 일로 자꾸 부딪치며 지내는 것은 돌과 부딪치고 흘러간 물이 되돌아와서 그 돌과 거듭 부딪치는 것과 똑같다. 그것은 순리에 어긋나는 부질없는 짓이다. 한 번 다툰 일을 빌미로 만날 때마다 아옹다옹하지 말고 너그럽게 용서하고 빨리 잊자, 새로운 시각들이 즐겁도록. 속상한 일은 훌훌 털고 좋은 일만 기억하자, 홀가분한 마음에 총총들이 행복이 수놓아지도록.

개구쟁이 행동

●●●

개구쟁이의 장난은 몸놀림이 잽싸고 변화가 빠른 행동이므로 어른에게는 몹시 힘든 운동이다. 개구쟁이가 까부는 몸놀림은 온몸운동이므로 군살이 찌지 않는다.

짓궂은 개구쟁이와 점잖은 어른의 행동은 크게 다르다.

개구쟁이가 짓는 얼굴표정과 장난하는 모습을 보라. 표정이 밝고, 웃고 떠드는 소리가 크고 요란하다. 서럽게 울다가도 달래면 이내 그치고 쉽게 잊어버린다. 머리끝부터 발끝까지 가만히 두지 않고 행동이 왜바람 몰아치듯 종잡을 수 없이 바뀐다. 사리를 분별 못하는 철부지이므로 변덕이 죽 끓듯 심하고 이리저리 날뛸 수밖에.

또르르 뒹굴다가 총총걸음 걷고, 빙글빙글 맴돌다가 뒷걸음질친다. 서 있다 말고 앉아서 놀고, 갑자기 줄달음질친다. 우죽우죽 몸 흔들다가 높이 뛰고, 깨금발 뛰다가 씨암탉걸음 걷는다. 징검징검 걷다가 잽싸게 달리고, 가재걸음 걷다가 콩콩 뛴다. 손뼉 치고 발을 구르며 노래하다가 쪼르르 줄행랑친다. 밤낮을 구별하지 않고 칭얼거리며 잠투정하다가 어느새 새근새근 잠이 든다.

어른의 행동은 어떤가? 밝게 웃기보다 표정이 무뚝뚝하고, 느릿느릿 움직이고, 오랫동안 똑같은 자세로 지내기 쉽다. 직업에 따라서 온종일 앉거나 서서 보내기도 한다. 사람에 따라 걱정거리와 속상한 일에 얽매어서 애간장을 태우며 지내기도 한다.

개구쟁이의 행동을 어른이 따라한다면 얼마나 할 수 있을까? 개구쟁이의 장난은 몸놀림이 잽싸고 변화가 빠른 행동이므로 어른에게는 몹시 힘든 운동이다. 개구쟁이가 까부는 몸놀림은 온몸운동이므로 군살이 찌지 않는다. 개구쟁이가 점잖게 지낸다면 군더더기 살이 붙어서 뚱뚱해지기 쉽다. 그러므로 짓궂게 굴더라도 입에 빗장을 걸지 말고 어리광떠는 재롱으로 받아주어야 한다.

개구쟁이는 또래들과 해 저무는 줄 모르고 재미있게 놀면서 구김살 없이 자라야 한다. 온갖 재주를 익히려고 이리저리 억지로 학원을 다니는 고달픈 삶은 개구쟁이에게 바람직하지 않다. 어른은 개구쟁이의 행동을 본보기삼아 많이 움직여야 한다. 개구쟁이처럼 끊임없이 몸을 움직이는 것이 튼튼한 몸을 만드는 타고난 방법이기 때문이다.

사랑의 매와 폭력의 매

"잘못을 뉘우치기는커녕 싹수없이 선생님에게 대들어. 더 맞아!"하면서 흠씬 때리는 매는 사랑의 매가 아니다. 그것은 가르치는 사람으로서 위엄이 무너져서 대는 매다.

학생을 가르치다 보면 매를 댈 때가 있다. 그 매가 사랑의 매인지, 폭력의 매인지 구별하기 어려워서 사회적 문제로 떠오르기도 한다.

동양에는 인간의 본성에 대해서 성선과 성악이라는 상반된 설이 함께 내려오고 있다. 교육은 우리 가슴에 선악이 병존함에서 비롯된다. 착한 본성은 그대로 유지하도록, 악한 본성은 착하도록 가르친다. 그 목적을 이루기 위해 여러 방법이 사용된다. 감화나 감동도 주고, 모범이나 시범도 보인다. 옳은 행동은 권장하고 그릇된 행동은 억제하도록 지도하고, 말을 듣지 않을 때는 체벌을 가한다.

무릎 꿇기, 팔 들기, 운동장 달리기, 때리기 등의 체벌이 교육방법 중에서 가장 낮은 수준이다. 체벌 중에서도 가장 낮은 단계가 회초리로 때리기이다. 몸끼리 직접 닿는 체벌, 즉 뺨을 때리거나 주먹질이나 발길질하는 것은 가르치려는 체벌이 아니라 폭력이므로 절대로 쓸 수 없다. 매는 사리가 밝은 스승이 학생을 가르칠 때만 대는 것은 아니다. 조련사가 짐승을 훈련시킬 때나 깡패두목이 부하를 다스릴 때도 댄다. 여기에서 사랑의 매와 폭력의 매를 가름하는 어려움이 있고 분쟁이 발생할 소지가 있다.

매를 댈 때는 냉정해야 한다. 배우는 사람이 맞다가 싫어하면, 심지어 대들더라도, 바로 매를 거두어야 한다. 폭력으로 바뀌기 때문이다. "잘못을 뉘우치기는커녕 싹수없이 선생님에게 대들어. 더 맞아!"하면서 흠씬 때리는 매는 사랑의 매가 아니다. 그것은 가르치는 사람으로서 위엄이 무너져서 대는 매다. 깡패두목이 조직의 위계질서를 잡으려고 대는 매와 똑같다.

맞는 사람의 속마음을 알 수 없으므로 매로 사람을 가르치는 것이 가장 어렵다. '어린 시절에 들은 칭찬이나 따뜻한 말이 마음에 옹달샘으로 간직되어 인생의 성공에 버팀목이 되었다'고 자서전에 쓴 사람은 있다. 스승에게 많이 맞아서 성공했다고 밝힌 사람은 본 적이 없다. 사랑의 매를 대서 거둔 효과가 별로 없음을 알 수 있다.

즐거운 달리기 세상

仁多 김명녕 수필집

발행일 | 2011년 3월 21일
지은이 | 김명녕
발행인 | 李憲錫
발행처 | 오늘의문학사
대전광역시 동구 삼성1동 125-6 한밭오피스텔 401호
Tel(042)624-2980 Fax(042)628-2983
http://www.lito77.co.kr(홈페이지)
✉ hs2980@hanmail.net
등 록 | 제55호(1993년 6월 23일)
ISBN 978-89-5669-427-6 03810
값 10,000원